ABREGE'
DE LA VIE
ET DES VERTUS
DU BIENHEUREUX
VINCENT DE PAUL,
INSTITUTEUR
DE LA CONGREGATION
DE LA MISSION,
ET DES FILLES DE LA CHARITE'

Troisiéme Edition, revûë,
corrigée & augmentée.

A PARIS
Chez PIERRE SIMON, Imprimeur
du Clergé de France, ruë de
la Harpe, à l'Hercule.

M. DCC. XXXIII.
Avec Approbation & Privilége du Roi.

ABREGÉ
DE LA VIE
ET DES VERTUS
DU BIENHEUREUX

VINCENT DE PAUL,

Instituteur de la Congrégation de
la Mission, & de la Compagnie
des Filles de la Charité.

CE n'est point une histoire sui-
vie que l'on donne ici, elle
formeroit un volume : ce
n'est pas non plus propre-
ment un éloge, il demanderoit un stile éloquent & proportionné à la gran-
deur de la matiere ; mais c'est un simple
ple récit de faits & d'actes de vertus.
Ainsi le Lecteur ne doit pas s'attendre
à des détails circonstanciez, ni à de
grands mouvemens ou à de belles figu-

res car on s'est uniquement étudié à procurer son édification ; on a espéré qu'il la trouveroit dans l'exposition, quoique rapide, d'une partie des saintes actions de Vincent de Paul, & on a crû qu'un stile concis & uni convenoit au même dessein, puisqu'il donne moyen d'abréger & de renfermer plus de choses en peu de mots.

La vie du serviteur de Dieu que nôtre Saint Pere le Pape Benoît XIII. a mis au catalogue des Bienheureux, a été si remplie de saintes œuvres & d'actes heroïques de vertus, qu'elle a mérité d'être écrite non seulement en François, mais encore en Italien, en Espagnol, en Allemand & en Polonois. On ne tirera néanmoins ce que l'on va briévement raconter de lui, que des Procès de sa Béatification, & de sa vie écrite par Messire Louis Abelly, Evêque de Rhodès, qui est le seul qui l'ait écrite en François. Il en donna deux éditions qu'il dédia à la Reine Anne d'Autriche. Sa Majesté avoit vû par elle-même une bonne partie des choses qui y sont rapportées. La premiere de ces éditions est de l'année 1664. & contient trois livres. La seconde imprimée en 1667. & 1684. six ans avant la mort de l'Auteur, est réduite à deux livres.

Vincent de Paul né le 24. Avril 1576.
à Ranquines dans la Paroiſſe de Poy au
Diocéſe d'Acqs , eut pour pere Guil-
laume de Paul , & pour mere Bertran-
de de Moras ; l'un & l'autre fort peu
accommodez des biens de ce monde ,
mais riches en foi & en piété. Six enfans les aidoient à faire valoir leurs petits héritages , & le jeune Vincent qui
étoit le troiſiéme , fut employé à paître
& à garder les beſtiaux de ſon pere.
Mais celui-ci comprit bien-tôt par pluſieurs traits de la vivacité d'eſprit de ſon
fils , que cet enfant pouvoit faire quelque choſe de meilleur. Il le mit donc
chez les RR. PP. Cordeliers d'Acqs ,
moyennant une fort modique pen-
ſion ; & ce fut là qu'il commença environ l'année 1588. à s'appliquer à l'é-
tude de la langue Latine. Il le fit avec
tant d'aſſiduité & un tel progrès, qu'au
bout de quatre ans M. de Commet l'aî-
né , Avocat de la Ville d'Acqs & Juge
de Poy, le retira de ce Couvent pour en
faire le précepteur de ſes enfans ; ce qui
lui donna la facilité de continuer ſes é-
tudes ſans qu'il en coûtât rien à ſon pere. Après environ 5. ans M. de Commet
frappé des grandes qualitez du jeune
Vincent, le porta à entrer dans l'état Eccléſiaſtique , ce qu'il fit en recevant au

Sa naiſ-
ſance &
ſes étu-
des.

A iij

mois de Décembre 1596. la Tonsure &
les Ordres Mineurs des mains de M.
l'Evêque de Tarbes dans l'Eglise Collé-
giale de Bidaſchen au Diocéſe d'Acqs.

Alors il quitta ſon pays pour aller ailleurs étudier la Théologie, & avec
quelque ſecours que lui donna ſon pere, il vint d'abord à Toulouſe, paſſa
enſuite à Saragoſſe; mais quelque tems
après il revint à Toulouſe, où pour a-
voir moyen de pourſuivre ſes études, il
ſe chargea de l'inſtruction de pluſieurs
jeunes Gentils-hommes. Il reçût le
Soûdiaconat, & le Diaconat dans la
Cathedrale de Tarbes aux Ordinations
de Septembre & de Décembre 1598.
mais il ne fut fait Prêtre qu'en Septembre 1600. quoique ſes Démiſſoires lui
euſſent été donnez le 13. Septembre
1599. par M. Jean-Jacques du Sault
Evêque d'Acqs, & ce fut M. François
de Bordeils Evêque de Périgueux qui
l'ordonna dans la chapelle de ſon Château de S. Julien. En ce tems il fut
pourvû de la Cure de Tilh; mais il ne
voulut point plaider contre un compé-
titeur, & lui abandonna le Bénéfice.
Enfin au mois d'Octobre 1604. après
avoir employé ſept ans à étudier la
Théologie dans l'Univerſité de Toulouſe, il y fut reçû Bachelier, & dès la

même année, il lui fut permis d'enseigner publiquement le second Livre des Sentences.

Ses études, & la réputation que sa modestie, sa sagesse, la science & la piété de ses jeunes éleves lui avoient acquise dans Toulouse, sembloient lui répondre d'un établissement considérable en cette Ville; mais Dieu en avoit disposé autrement. Car étant allé à Marseille pour recueillir quelque partie d'un legs qui lui avoit été fait, & s'étant embarqué pour revenir par Narbonne, il fut pris par des pirates, *Sa Captivité* blessé, enchaîné, mené à Tunis, & vendu d'abord à un pêcheur, puis à un Médecin, après la mort duquel son neveu le vendit à un Renégat de Nice en Savoye. C'étoit, ce semble, pour la conversion de cet homme, que Dieu avoit permis la captivité de Vincent de Paul : car une des femmes de ce Renégat, laquelle étoit Turque, ayant voulu que son Esclave lui chantât les Loüanges du Dieu qu'il adoroit, & Vincent de Paul ayant chanté le Pseaume *Super flumina Babylonis*, avec le *Salve Regina*, & quelques autres choses, elle en fut si touchée, qu'elle dit à son mari, qu'il avoit eu grand tort de quitter sa Religion. Ce reproche ne fut pas fait en vain. Dès le jour suivant cet Apoſtat s'ouvrit à ſon Eſclave, & lui dit qu'il n'attendoit que la commodité de ſe ſauver en France. Elle ne ſe trouva qu'au bout de dix mois ; car ce ne fut que le 28. Juin 1607. qu'ils aborderent en France, où le Renégat fut reconcilié publiquement à Avignon par Monſeigneur le Vice-Légat. Delà M. Vincent alla à Rome, & vers la fin de 1608. il revint en France, chargé de rendre compte de vive-voix au Roi Henry le Grand, d'une affaire très-importante que l'on n'avoit pas voulu hazarder dans une lettre ; preuve évidente de l'eſtime que le Miniſtre de Sa Majeſté Très-Chrétienne faiſoit de Vincent de Paul, & de la confiance qu'il avoit en ſa diſcrétion & en ſa fidélité. Ce vertueux Prêtre s'acquitta de ſa commiſſion ; mais il ne voulut point profiter de l'occaſion qu'elle lui donnoit de demeurer à la Cour, ou du-moins d'y venir de tems en tems pour ſe ménager un établiſſement.

Il ſe retira donc au Fauxbourg S. Germain, où demeuroit auſſi la Reine Marguerite dont il étoit Aumônier, & où Dieu avoit préparé à ce vertueux Prêtre une aſſez rude épreuve. Il logeoit dans une même chambre avec le

Juge de Sore , Village situé dans les Landes de Bourdeaux : & un jour qu'étant indisposé il attendoit dans son lit une médecine , ce Juge sortit de grand matin sans fermer l'armoire où il avoit mis son argent. Il porta bien-tôt la peine de son défaut de précaution : car le garçon de l'Apotiquaire ayant apporté la médecine , & cherchant dans cette armoire un verre, y apperçut la bourse, s'en saisit & la mit dans sa poche. Le Juge à son retour ne trouvant plus son argent , accuse Vincent de Paul , s'emporte contre lui , l'oblige d'aller loger ailleurs , le diffame par tout comme un méchant & un voleur, vient le trouver dans la compagnie de Monseigneur le Cardinal de Berulle & de plusieurs autres personnes considérables , & lui fait signifier un Monitoire. Dans une accusation si sensible quel parti prit nôtre vertueux Prêtre ? Celui de souffrir paisiblement cet affront, & de se contenter de répondre à tous les reproches de ce Juge, que Dieu sçavoit la vérité. Il lui plut enfin de la faire éclater , & de relever la patience & l'humilité de son serviteur. Car six années après , le voleur ayant été arrêté prisonnier à Bourdeaux, déclara au Juge de Sore que c'étoit lui qui avoit pris sa bourse. Alors ce Juge, fâché d'avoir calomnié un fi vertueux Eccléfiaftique, écrivit à nôtre Bienheureux, le priant de lui accorder par écrit le pardon de fa faute, ou qu'il viendroit en perfonne à Paris, pour lui en faire fatisfaction la corde au col.

Il eſt fait Curé de Clichy.

Cependant le ferviteur de Dieu averti par cet accident qu'il eſt bien difficile de vivre fans trouble au milieu du monde, avoit réfolu de s'en féparer, & il logeoit depuis près de deux ans avec M. de Bérulle, lorfque ce nouvel Inftituteur & Supérieur Général de la Congrégation de l'Oratoire lui confeilla de prendre la Cure de Clichy, dont pour lors le R. P. Bourgoin jugea à propos de fe décharger. Vincent de Paul s'y acquitta de tous les devoirs d'un zélé Pafteur. Il mérita par la fainteté de fa vie, & par la douceur de fa converfation l'eftime & la confiance des Curez voifins, qui fe plaifoient à venir apprendre de lui à bien faire leurs fonctions. Il éleva & inftruifit dans fa maifon une douzaine de jeunes Clercs ; il fournit fon Eglife d'ornemens, il la fit rebâtir tout à neuf, & ce qui eſt plus confidérable, il fit fi bien entrer fes Paroiffiens dans le chemin de la vertu, que la plûpart vivoient comme des Anges : c'eſt le témoignage que leur a rendu un

Docteur de la Faculté de Paris qui les prêchoit quelquefois, & qui avoit été si édifié de leur pieté, qu'il ne pouvoit s'empêcher de dire, qu'il portoit la lumiere au Soleil.

Pendant qu'il étoit ainsi occupé pour le bien de sa Paroisse, la même main qui l'y avoit placé l'en retira; le Cardinal de Bérulle ayant crû que le serviteur de Dieu feroit encore plus pour sa gloire en donnant une éducation chrétienne & sainte aux trois enfans d'Emmanuel de Gondy, Comte de Joigny, Général des Galeres de France, & de Françoise-Marguerite de Silly. Sa conduite dans cette illustre Maison lui acquit l'estime & la confiance de tous ceux qui le connurent; il y rendit des services importans, non seulement aux jeunes Seigneurs dont l'éducation lui étoit confiée, mais encore à Monsieur le Général & à Madame la Générale qui se mit sous sa direction. Mais Dieu qui n'avoit pas prétendu renfermer dans la sanctification d'une seule famille le zéle & la grace de son serviteur, lui ouvrit bien-tôt un plus vaste champ.

Il étoit au Château de Folleville dans le Diocese d'Amiens, lorsqu'il fut appellé pour confesser un paysan qui avoit la réputation d'un homme de bien, & qui néanmoins déclara publiquement par la suite, que n'ayant osé pendant le cours de sa vie se confesser de plusieurs péchez griefs, il eût été damné si nôtre Bienheureux ne lui eût fait faire une confession générale. La Comtesse de Joigny touchée du danger que cet homme avoit couru, & craignant pour le salut de plusieurs autres de ses vassaux, pria son charitable Directeur d'exhorter les habitans à faire de bonnes confessions; il le fit le jour de la Conversion de S. Paul en 1617. & il réprésenta si bien l'importance & l'utilité de la confession générale, que tous demandant à la faire, il fallut pour continuer à les instruire & à les entendre, appeller du secours. On le trouva dans les RR. PP. Jésuites d'Amiens, qui à la priere de Madame la Générale vinrent partager le travail.

Il est chargé de la Cure de Châtillon. Ces premiers succès qui animerent le zele de cette Dame, & qui la porterent dès-lors à prendre la résolution de donner un fonds pour faire des Missions dans toutes ses Terres de cinq ans en cinq ans, lui firent aussi connoître de plus en plus le mérite de son Directeur. Mais ce qui augmentoit son estime pour lui, fut ce qui engagea cet humble Prêtre à prier le Cardinal de Bérulle

Bérulle de trouver bon qu'il fortît de
la Maifon de Gondy. Dieu le vouloit,
puifqu'il en infpira le deffein à Vincent
de Paul dans la conjonćture la plus
propre à le faire réüffir. Précifément
en ce temps-là M. de Bérulle reçut une
Lettre du R. P. Bence Supérieur de
l'Oratoire de Lion , à qui MM. les
Comtes de Lion s'étoient adreffez
pour avoir un Sujet auquel ils puffent
donner la Cure de Châtillon lez-Dom-
bes. Comme elle avoit peu de revenu
& beaucoup de charges , elle demandoit un homme également definte-
reffé & laborieux. Il n'en fallut pas davantage pour déterminer M. de Bérulle , il propofa ce pofte à nôtre B. qui
l'accepta, & partit fans rien dire à perfonne. Il y fit des biens immenfes ; il
gagna les Eccléfiaftiques & les réfor-
ma, il ramena à la vraie foi plufieurs
Calviniftes, il inftruifit les Catholiques
& les engagea à corriger leurs mœurs
qui n'étoient pas moins dérangées que
celles des Hérétiques ; il prit foin des
pauvres, leur donna fon argent , fes
habits, fon linge ; il fit plus, il emprun-
ta pour les foulager ; il porta à la plus
haute perfećtion plufieurs tant Gentils-
hommes que Demoifelles de Châtillon & des environs, il y établit la pre-

B

miere des charitez de Paroisse qui se
font si fort multipliées dans la suite, &
qui font tous les jours tant de bien ; il
fit enfin réparer l'Eglise de la Paroisse,
& la fournit d'ornemens, dont avant
lui elle étoit fort mal pourvûë.

Qui l'auroit crû, qu'en moins de six
mois notre nouveau Pasteur eût entre-
pris & exécuté tant de choses ? Mais il
étoit semblable à ces nuées bien-faisan-
tes, qui répandent la pluie avec tant
d'abondance & de douceur, qu'elles
n'ont besoin que de passer sur un
champ pour le fertiliser. Vincent de
Paul ne pensoit qu'à cultiver le sien,
lorsque M. le Général des Galeres auquel il avoit écrit sur sa retraite, lui fit
conjointement avec Madame son é-
pouse toutes les instances imaginables
pour l'engager à revenir ; mais il ne s'y
rendit que quand M. de Bérulle lui eut
dit qu'il croyoit que la volonté de
Dieu étoit qu'il rentrât dans la famille
de Gondy. Il y revint, & ne s'y tint pas
oisif. Il en parcourut les Terres pour y
faire des Missions, lesquelles outre les
biens ordinaires procurerent encore la
conversion de plusieurs Hérétiques.

Il as-
siste
les
Gale-
riens.
En 1622. il fit un voyage à Marseille
pour visiter les Galeres dont en 1619. le
feu Roi Loüis XIII. l'avoit fait Au-

mônier Réal à la recommandation de
M. de Gondy. Mais dans quel déplorable état trouva-t-il les Forçats tant pour
l'ame que pour le corps? Il en fut touché fensiblement, il écouta leurs plaintes, leur témoigna fa compaffion, baifa leurs chaînes, s'efforça de rendre
leurs Comites plus humains, & projetta les moyens d'affifter dans la fuite
fpirituellement ces pauvres malheureux. Sorti de Marfeille il trouva dans
la Ville de Mâcon tant d'ignorance,
de libertinage & d'irreligion parmi des
troupes de mandians qui la rempliffoient, que cet homme de mifericorde
n'héfita point à interrompre fon
voyage, & demeura en ce lieu jufqu'à
ce que fous le bon plaifir de M. l'Evêque, & de concert avec MM. des Chapitres de la Cathédrale & de S. Pierre,
& M. le Lieutenant Général on eut
fait un réglement pour remédier à tant
de miféres. Enfuite de retour à Paris,
il vifita les criminels condamnez aux
Galeres, les fit raffembler dans un lieu
plus commode & plus fain que les cachots où ils pourriffoient, & leur procura par lui-même & par d'autres les
fecours fpirituels dont ils avoient tant
de befoin.

Ces preuves de fon affection pour

les Galeriens obligerent M. le Général de le prier en 1623. d'aller à Bourdeaux. Il partit auffi-tot avec joye, il fit Miffion fur les Galeres, & il eut la confolation d'y gagner un Turc. Dans le tems qu'il travailloit ainfi à tirer les plus grands pécheurs du fond de l'abîme, il donnoit auffi fes foins pour conduire des ames innocentes, de faintes Religieufes, à la plus haute perfection. Car faint François de Sales & la Révérende Mere de Chantal, qui avoient communiqué plufieurs fois avec lui, & qui avoient conçu une grande eftime de fa piété & de fa prudence, l'avoient choifi dès 1619. pour le premier Supérieur & Directeur fpirituel des filles de la Vifitation établies à Paris & à faint Denis, & pendant 40. ans il leur a rendu fes fervices avec beaucoup de graces & de bénédictions.

Mais ce n'étoit pas encore là tout ce que Dieu demandoit de lui : l'année 1624. vit les commencemens d'un ouvrage plus confidérable. Vincent de Paul avoit à la priere de la Comteffe de Joigny, offert à plufieurs Communautez la fondation qu'elle avoit réfolu de faire pour des Miffions ; mais toutes s'étant excufées de l'accepter, Monfeignéur Jean-François de Gondy premier Archevêque de Paris, frere de M. le Général des Galeres, se joignit à lui & à Madame la Générale pour obliger nôtre Bienheureux, premierement à recevoir la principalité du Collége des Bons-Enfans, avec la direction des Prêtres qui s'y retireroient pour s'appliquer aux Missions, & en second lieu, à accepter au nom desdits Prêtres la fondation desdits Seigneur & Dame. L'humble Vincent se rendit à leur volonté, & l'année suivante 1625. le contrat de fondation ayant été passé, & bien-tôt après suivi de la mort de la Fondatrice, il se retira au Collége des Bons-Enfans.

Il étoit pour lors âgé de 49. ans. Son corps étoit d'une taille moyenne, mais bien proportionée ; la tête grosse & un peu chauve, le front large, l'œil vif, le regard doux, le port grave, la contenance simple & l'abord très-affable ; son tempérament étoit bilieux & sanguin, sa compléxion forte & robuste, sensible néanmoins aux impressions de l'air, & sujette à de fréquentes fiévres ; son esprit étoit posé & pénétrant, il avoit un grand sens & une égale défiance de ses lumieres : il ne répondoit jamais qu'avec beaucoup de maturité à ce qu'on lui demandoit, &

n'aimoit point à précipiter les affaires, mais difoit ordinairement : Attendons, attendons, l'heure de Dieu n'eft pas encore venuë. Tel étoit celui que Dieu avoit choifi pour l'érabliffement de la Congrégation de la Miffion, & auquel quatre autres vertueux Eccléfiaftiques s'étant joints, Monfeigneur l'Archevêque de Paris autorifa en 1626. leur affociation, qui fut l'année fuivante confirmée par Loüis XIII. & de nouveau par le même Prince, en 1632. après qu'elle eut été autentiquement approuvée par N. S. P. le Pape Urbain VIII. fous le nom de Prêtres de la Congrégation de la Miffion, dont Sa Sainteté voulut que Vincent de Paül fût le premier Supérieur, lui donnant le pouvoir de faire les Réglemens convenables pour le bon ordre de fa Congrégation.

Elle avoit été depuis fa naiffance renfermée dans le feul College des Bons-Enfans, d'où elle faifoit dans les tems convenables fes courfes Evangéliques pour le falut des pauvres gens de la Campagne ; mais Dieu qui vouloit lui donner le moyen de s'étendre & de faire plus de bien, infpira à M. Adrien le Bon, Chanoine Régulier de faint Auguftin, d'offrir à l'Inftituteur de cette nouvelle Compagnie , la Maiſon de S. Lazare , dont il avoit la conduite. Le ſerviteur de Dieu refuſa ſes offres , quoique pluſieurs fois réïtérées pendant le cours d'une année entiere , & ne ſe rendit qu'aux conſeils & aux raiſons de M. André Duval , ancien Docteur de Sorbonne en qui il avoit une très-grande confiance.

En conſéquence de ſon acquieſcement , le concordat entre M. le Bon & ſes Religieux d'une part , le nouvel Inſtituteur & ſes Prêtres de l'autre , fut ſigné le 7. Janvier 1632. & le lendemain Vincent de Paul vint voir pour la premiere fois le lieu dont on lui avoit tant parlé , & que Dieu lui avoit deſtiné. Cette nouvelle Maiſon le mit en état de multiplier ſes bonnes œuvres , & premierement les Miſſions. Il en avoit fait 140. depuis 1625. juſqu'en 1632. & depuis cette année juſqu'à ſa mort arrivée en 1660 la ſeule Maiſon de S. Lazare en fit près de 700 à pluſieurs deſquelles il a lui-même travaillé.

En ſecond lieu , il ouvrit ſa porte aux Eccléſiaſtiques & aux Laïques qui voudroient paſſer quelques jours dans les exercices de la retraite ſpirituelle , il y convia même ſouvent ceux qu'il croyoit en avoir beſoin; & depuis 1635.

il y a reçû de compte fait près de
20000. perſonnes ; c'eſt-à-dire , environ 800. par année.

Troiſiémement , M. l'Evêque de
Beauvais , Auguſtin Potier Prélat vér-
tueux & zélé , lui ayant propoſé le pro-
jet des Exercices des Ordinans , ce S.
Prêtre les donna d'abord à Beauvais en
1628. & en 1631. aux Clercs du Diocéſe de Paris , mais depuis ſon entrée
dans la Maiſon de S. Lazáre , il les donna régulierement à chaque Ordina-
tion , & y admit même par la ſuite les
Clercs des autres Diocéſes. Ces exercices furent depuis pratiquez en pluſieurs endroits de France , d'Italie & de
Pologne , ſoit par les Miſſionnaires
qu'il y envoya , ſoit par d'autres perſonnes , & avec tant de ſuccès que les
autres Pays Catholiques s'y ſont con-
formez.

Voici briévement en quoi ils conſiſ-
toient. On faiſoit venir ſoit au Palais
Epiſcopal , ſoit en quelqu'autre
Maiſon , ceux qui prétendoient aux
ſaints Ordres. On les y tenoit en retraite pendant dix jours avant l'Ordina-
tion. On leur faiſoit chaque jour deux
entretiens , l'un ſur la Théologie Morale que l'on parcouroit preſque toute,
l'autre ſur les vertus néceſſaires aux Eccléſiaſtiques. On les excerçoit à la prie-

re par des méditations qu'ils faifoient matin & foir. On leur expliquoit le Pontifical, & on leur enfeignoit à célébrer le faint Sacrifice de la Meffe, & à exercer les autres fonctions de leurs Ordres, d'une maniere propre à leur faire conferver les grands fentimens qu'ils en doivent avoir, & à infpirer aux peuples un profond refpect pour la Majefté de Dieu.

Or il répandit fi abondamment fa grace fur ces Exercices, que plufieurs de ceux qui y avoient paffé, conçurent le defir de mener une vie conforme à leur état. Ils le communiquerent à V. de Paul, qui leur propofa de s'unir enfemble pour faire chaque femaine une Conférence fpirituelle fur les vertus propres à des Eccléfiaftiques. Ces Conférences commencerent avec la permiffion de Monfeigneur l'Archevéque de Paris, fous la Direction de nôtre Bienheureux le 16. Juillet 1633. & elles ont toûjours continué depuis, mais avec tant d'utilité pour ces bons Eccléfiaftiques, que M. Renard l'un d'entre eux, difoit fouvent : C'eft M. Vincent qui nous a enfeigné à fervir Dieu, & nous lui avons tous cette obligation. Leur affemblée s'augmenta bien-tôt confidérablement, l'on en

vit fortir les pieux & Illuftres Fonda-
teurs des deux celébres Communautez
de S. Sulpice & des Miffions Etrange-
res, & l'on en tira bon nombre de Prélats qui ont gouverné faintement leurs
Diocéfes. Elle a fervi auffi de modele à
plufieurs autres qui fe font établies en
différens endroits, & particulierement
à Rome.

Mais un des plus confidérables fervices que Vincent de Paul a rendus à
l'Eglife, a été l'établiffement des grands
Séminaires. Il en propofa le plan à M.
Jufte Guérin Evêque de Marfeille qui
en fit l'effai en 1641. & ayant fait la même ouverture à fon Eminence M. le
Cardinal de Richelieu, ce fage Miniftre
l'approuva, & bien-tôt après lui envoya
mille écus avec lefquels on commença
dès le mois de Février 1642. à recevoir
& à former dans le College des Bons-
Enfans ceux qui fe crurent appellez à
l'état Eccléfiaftique. Sur cet exemple
d'autres Communautez & grand
nombre de Prélats établirent des Séminaires, & plufieurs en donnerent la
conduite aux Enfans de Vincent.

On pafferoit de beaucoup les bornes
d'un abrégé, fi l'on vouloit s'étendre fur
chacune des bonnes œuvres du ferviteur de Dieu ; il faut donc fe contenter

d'ajoûter briévement qu'ayant trouvé à son entrée dans la Maison de S. Lazare quelques personnes foibles d'esprit, & une autre qui manquoit plus de conduite que de raison, il voulut leur continuer les charitables soins qu'en avoit pris M. le Bon à qui leurs parens les avoient confiez, & qu'il ne se rebuta jamais des difficultez qui se rencontrent dans le service de ces deux sortes de personnes ; Qu'il ne se contenta pas d'avoir établi dans une infinité d'endroits de la Campagne les Confrairies de la Charité, mais qu'il les visitoit & faisoit visiter pour les entretenir ou les relever ; Qu'il en établit de semblables avec la permission de M. l'Archevêque de Paris & de l'agrément de MM. les Curez en plusieurs Paroisses de cette grande Ville ; que conjointement avec Mademoiselle Loüise de Marillac, veuve de M. le Gras, Sécretaire de la Reine Marie de Médicis, il institua la Compagnie des Filles de la Charité, servantes des Pauvres malades, par le moyen desquelles il a fait & fait encore tous les jours des biens infinis, tant pour le soulagement des malades que pour l'assistance des Pauvres & l'éducation des jeunes filles ; Que pour le service des malades de l'Hôtel-Dieu de Paris, & pour l'affiſtance des Pauvres des Provinces affligées, ſoit de grêles, d'inondations ou d'incendies, ſoit de famine ou de maladies épidémiques, il forma une aſſemblée de Dames & de Demoiſelles des plus conſidérables familles ; Que ce fut lui qui porta les Dames de la Charité à prendre ſoin des Enfans-Trouvez, & qui les empêcha de les abandonner enſuite, lorſquelles ne ſe trouverent plus en état de ſoutenir une ſi grande dépenſe ; Que ce fut lui qui fit transférer les Galériens à la Porte S. Bernard, où ils ne ſubſiſterent pendant pluſieurs années que par les aumônes qu'il leur procura ; Qu'il leur a fait faire de tems en tems des Miſſions, & qu'il accorda des Filles de la Charité pour prendre ſoin d'eux, ſurtout dans leurs maladies ; Qu'il obtint de la pieté de M. le Cardinal de Richelieu, pour lors Général des Galeres, & de Madame la Ducheſſe d'Aiguillon ſa niéce, qu'on bâtît à Marſeille un Hôpital pour les Forçats malades ; qu'à ſa ſollicitation, lorſqu'il fut dans le Conſeil de la Reine Régente, Loüis XIV. de glorieuſe mémoire ſe rendit le Fondateur de cet Hôpital par ſes Lettres Patentes de 1646. & de 1648.

où

où il assigne un revenu pour l'entretien de cette Maison ; ordonne que les Prêtres de la Mission déja établie à Marseille, en auront à perpétuité la direction spirituelle, & que la charge d'Aumônier Réal sera unie pour toûjours à la Congrégation de la Mission ; que sous sa conduite M. le Commandeur de Sillery parvint à ce grand détachement du monde & à cette éminente vertu qui l'ont rendu si digne de l'estime de son siécle ; qu'il aida ce même Seigneur dans la visite & la réforme des Eglises & des Paroisses dépendantes du grand Prieuré du Temple ; Qu'en 1639. pour soulager les pauvres des Provinces ruinées par les guerres, particulierement ceux de la Lorraine & de l'Artois, il y procura plus de 1600000. livres d'aumônes, dont un Frere de la Mission porta la plus grande partie en cinquante-trois voyages qu'il fit en Lorraine au milieu des armées sans avoir été volé ; Qu'il procura des retraites aux Religieuses Bénédictines de S. Mihel, à grand nombre de Gentils-hommes & de Demoiselles, & à des troupes d'habitans qui venoient par centaines se jetter entre ses bras ; Qu'il soutint pendant huit ans cet exercice de charité envers la pauvre Noblesse de Lor-

'raine : qu'il fit à peu après, la même chofe en faveur de plufieurs Gentils-hommes Anglois & Ecoſſois qui
avoient été contraints de quitter leur
Pays pour conferver la pureté de leur
foi ; Que Loüis XIII. defira de l'avoir
auprès de lui dans fa derniere maladie
& à fa mort ; Que dans le Confeil du
Roi où la Reine Mere l'appella pour
les affaires Eccléfiaftiques, on vit éclater fon humilité , fa patience , fon
defintéreſſement, fa fermeté, fa fidélité au fervice de leurs Majeſtés, fon reſpect & fa foumiſſion envers les Prélats,
fon eſtime & fon zéle pour les Communautez, foit Eccléfiaftiques, foit
Religieufes ; Qu'il eut beaucoup de
part à l'inftitution des Filles de la Croix,
& qu'après la mort de Madame de
Villeneuve leur Fondatrice , il rendit
à ces vertueufes Filles des fervices fi importans pour les préferver d'une ruine
qui paroiſſoit aſſurée , qu'elles le re-
connoiſſent pour leur. Reftaurateur ;
Qu'avec Mad. Marie Lumague veuve
de M. Polaillon , il forma la Communauté des Filles de la Providence qui
l'honorent comme leur véritable Inftituteur & Légiſlateur ; que parmi ces
Pieufes Filles il en choifit quelques unes
pour jetter les fondemens de l'Union

Chrétienne , de la propagation de la
Foi & des nouvelles Catholiques ; que
ce fut entre ſes mains que ces Filles firent en 1650. l'acte de leur union , & le
renouvellerent en 1652. & qu'il approuva les regles dreſſées pour elles par
Mad. de Polaillon & M. Jean le Va-
cher , très-vertueux Eccléſiaſtique qu'il
leur avoit choiſi pour Confeſſeur ; qu'il
aida de ſes conſeils Madem. de Boſſet
& Mad. de Miramion dans l'Inſtitution
de leurs pieuſes Communautez réünies
aujourd'hui ſous le titre de ſainte Gé-
neviéve ; qu'il ſoutint les Filles péni-
tentes de la Madelaine , & donna le
plan de l'établiſſement de celles du Re-
fuge ; que par ſon zéle & ſon crédit il
rendit des ſervices importans aux Filles
de ſainte Agnés d'Arras , à celles de la
Congrégation dite de ſaint Thomas ,
aux Urſulines de Beauvais , aux Clai-
riſtes de l'Abbaye Royale de Long-
champ & à grand nombre d'autres
Monaſteres ; que le Cardinal de la Ro-
che - Foucault , l'Evêque de Cahors
Alain de Solminihac , Charles Fre-
mont Inſtituteur de l'étroite obſervan-
ce de Grammont & autres Réforma-
teurs des Ordres Réguliers s'adreſſe-
rent à lui pour être ou conſeillez ou
protégez dans leurs ſaintes entrepriſes ;

C ij

que dans le Conseil du Roy il a contri-
bué de tout son pouvoir à l'abolisse-
ment des duels & des blasphêmes, qu'en
1650. il fit pour les frontieres de Cham-
pagne & de Picardie, ce qu'il avoit fait
auparavant pour la Lorraine ; qu'en
1652. il procura de pareils secours aux
pauvres de Paris & des environs; que ces
charitez durerent plusieurs années, &
une partie même jusqu'à sa mort ; que
pour obtenir de Dieu la fin des troubles
du Royaume, il voulut que chaque
jour trois Missionnaires, un Prêtre, un
Clerc & un Frere jeûnassent, que le
Prêtre dît la Messe à cette intention, &
que les deux autres y communiassent ;
que tout septuagénaire qu'il étoit, il
ne se dispensoit point de cette pratique
de pénitence & de piété qui fut conti-
nuée jusqu'à la paix générale ; qu'il établit un Hôpital sous le titre du saint
Nom de Jesus pour quarante Pauvres;
sçavoir, vingt hommes & vingt femmes, & donna par là occasion à l'Hôpital général de Paris, dont il fit con-
fier la direction spirituelle à M. Abelly
depuis Evêque de Rodez; que le fameux
Hôpital de Ste. Reine a été commencé
par son avis, soutenu par ses éxhorta-
tions & porté au point où on le voit
aujourd'hui par ses sollicitations au-

près des perſonnes puiſſantes ; qu'outre bon nombre d'établiſſemens des
Prêtres de ſa Congrégation faits en
France, en Italie, en Pologne, en Savoye, en Piémond & en Lorraine, il
envoya de ſes Miſſionnaires à Tunis, à
Alger, à Salé pour l'aſſiſtance ſpirituelle
& corporelle des Eſclaves de Barbarie,
en Ecoſſe, en Irlande & aux Iſles He-
brides pour la conſolation des Catholiques, & la converſion des Hérétiques,
aux Indes & dans l'Iſle de Madagaſcar
pour l'inſtruction des Idolâtres & la
propagation de la Foi ; qu'il détermi-
na Mad. de Chavigny & la célebre Marie de l'Incarnation à paſſer en Canada
pour l'éducation des Filles de l'Améri-
que ; enfin que la ſacrée Congrégation
de la Propagande le chargea de choiſir
parmi ſes Miſſionnaires un ſujet propre à être élevé à l'Epiſcopat & envoyé
en Perſe, & de préparer pluſieurs de
ſes ouvriers pour aller en Suede, où
la converſion de la Reine paroiſſoit
ouvrir la porte à la Foi Catholique.

    Voilà fort ſommairement une par-
tie des ſaintes œuvres dont la vie de
Vincent de Paul a été un continuel tiſ-
ſu. Avant que de la finir il donna à
ſa Congrégation des Régles qu'il avoit
eu la conſolation de lui voir pratiquer

C iij

pendant trente-trois ans avant que d'y
mettre la derniere main & de les faire
imprimer. Ce fut environ deux ans
avant sa mort. Il y en avoit plus de trente qu'il étoit sujet à une fiévre qui lui
duroit ordinairement trois ou quatre
jours , & qui alloit quelquefois jufqu'à quinze , nonobstant laquelle il se
levoit à quatre heures , faisoit sa méditation & vaquoit à ses autres affaires. Il
eut pendant 7. ou 8. ans deux fois l'année une fiévre quarte l'espace d'un ou
deux mois chaque fois ; mais cela ne
l'empêcha point de s'appliquer à ses
pieuses occupations. En 1644. une
dangereuse maladie ne lui permettant
point de célébrer la sainte Messe , il se
contenta de communier tous les jours.
En 1656. il eut une fiévre continuë qui
se termina par une fluxion très-dou-
loureuse sur une jambe , & depuis ce
tems - là il fut souvent attaqué de
fiévres & d'autres infirmitez.

Mais celle qui a été la plus longue a
été l'enflure de ses jambes qu'il a souf-
ferte pendant quarante-cinq ans. Elle
monta peu à peu jusqu'aux genoux, en
sorte qu'il ne pouvoit plus les plier. Les
ulceres se formerent ensuite , & au
commencement de l'année 1659. il ne
lui fut plus possible de sortir de la mai-

son ; il continua néanmoins encore plusieurs mois de descendre à l'Eglise pour faire l'Oraison à quatre heures & demie, & pour célébrer la sainte Messe ; mais sur la fin de l'année il fut obligé de la dire dans la Chapelle de l'Infirmerie ; & en 1660. ne pouvant plus la dire, il l'entendit tous les jours jusqu'à celui de son décès. Il achetoit cette consolation au prix des douleurs qu'il ressentoit en se traînant à la Chapelle ; car il ne voulut point qu'on dressât un Autel dans la chambre qui étoit près de la sienne, ni même qu'on le portât sur une chaise pour lui épargner la peine de marcher, & il n'y eut que la seule impuissance absoluë qui pût l'y faire consentir environ six semaines avant sa mort.

Elle arriva le 27. Septembre. Il s'y étoit préparé depuis long-tems par la récitation des prieres pour les Agonisans & des recommandations de l'ame qu'il disoit tous les jours, & par la sage précaution qu'il prenoit depuis dix-huit ans de se mettre tous les soirs en état de mourir la même nuit. Il s'y étoit aussi disposé prochainement par la retraite qu'il avoit faite l'année précédente malgré ses infirmitez, par la communion qu'il recevoit chaque jour depuis qu'il ne fut plus en état de dire la Meſſe, & par une continuelle application à Dieu qui dura juſqu'à ſon dernier ſoupir. Un long exercice la lui avoit renduë ſi naturelle cette application, que nonobſtant l'affection létargique dans laquelle il paſſa le Dimanche 26. Septembre, & la nuit ſuivante, auſſi-tôt qu'on lui diſoit quelque mot de l'Ecriture-Sainte, il ſe réveilloit & pourſuivoit ce que les autres avoient commencé : il marqua ſurtout avoir plus de goût pour ce verſet ; *Deus in adjutorium*... Venez à mon aide, ô mon Dieu ! hâtez-vous, Seigneur de me ſecourir.

Il étoit fort proche de ſa fin, lorſque M. le Prêtre un des Eccléſiaſtiques de la Conférence des Mardis, qui étoit pour lors en retraite à S. Lazare, étant venu lui demander ſa bénédiction pour lui & pour tous les autres Eccléſiaſtiques de la Conférence, lui donna occaſion de manifeſter combien en ces derniers momens il étoit encore attentif ſur tous les mouvemens de ſon cœur. Ce vertueux Eccléſiaſtique l'avoit prié au nom de tous ces Meſſieurs de la Conférence, de les benir, de leur laiſſer ſon eſprit, & d'obtenir de Dieu que leur Compagnie ne dégénérât ja-

mais de la vertu qu'il lui avoit inspirée
& communiquée ; mais Vincent de
Paul tout mourant , tout létargique
qu'il étoit , apperçut le piége que l'en-
nemi du salut lui avoit préparé dans les
paroles d'un très-homme de bien , &
il l'évita. Accoûtumé depuis tant d'années à éstimer tous les autres meilleurs
que lui, son humilité ne se démentit
point en ces derniers momens , & elle
ne lui permit pas de benir une Compagnie si honorable & si vertueuse. Fidele à Dieu jusqu'au dernier soupir , il
lui rapporta tout l'honneur du bien
dont il avoit été l'instrument. Enfin
plein de zéle pour l'avancement de ces
Messieurs , & craignant de contrister
par un entier refus celui qui les répré-
sentoit tous, il leva les yeux au Ciel, &
dit ; *Qui cœpit opus bonum ipse perficiet.*
Celui qui a commencé la bonne œu-
vre l'achevera.

On lui avoit donné l'Extrême-Onc-
tion le soir précédent , & il mourut
sur les quatre heures & demie du matin , à la même heure où depuis 35. ans
il invoquoit tous les jours le S. Esprit
sur lui & sur les siens. Son corps fut
enterré le 28. & ses funérailles furent
honorées par la présence de S. A. S.
Monseigneur le Prince de Conty , de

Son Excellence Monseigneur Picolomini, Nonce du Pape, de plusieurs Prélats, de Madame la Duchesse d'Aiguillon, & de beaucoup d'autres personnes de distinction. Son Oraison funébre fut prononcée par Messire Henri de Maupas du Tour, Evêque d'Evreux, dans l'Eglise de saint Germain de l'Auxerrois, où MM. les Ecclésiastiques de la Conférence des Mardis lui firent faire un service solemnel.

Sa Foi. Tel fut le cours de la vie du Serviteur de Dieu. Pour parler maintenant de ses vertus & ne nous pas néanmoins étendre trop, nous ne toucherons que sa Foi, son zéle, sa charité, son humilité & sa mortification. Dieu permit que sa Foi fut éprouvée d'abord par tentations fort incommodes, ausquelles il résista toujours avec fermeté & avec d'autant plus de mérite qu'on peut dire qu'elles furent le prix d'un des plus grands efforts de la charité chrétienne. Voici le fait. Un célébre Docteur, ancien Théologal, qui avoit long-tems combattu les Hérétiques, fut attaqué de si rudes tentations contre la foi, qu'il se sentoit souvent violemment porté à blasphêmer, à se désespérer, à se précipiter par les fenêtres, & qu'on avoit été obligé non seule-

ment de l'exempter de réciter l'Office
& de célébrer la Meſſe, mais même de
faire aucunes prieres vocales. Il avoit
découvert ſon état au Serviteur de
Dieu qui lui ſuggéra différens remedes
propres à obtenir de Dieu la fin ou la
victoire de ſes tentations : mais ce Docteur étant tombé malade, & Vincent
de Paul craignant qu'il ne ſuccombât,
ſe mit en oraiſon pour lui, & afin d'obtenir de Dieu ce qu'il lui demandoit, il
s'offrit à Sa divine Majeſté pour porter en ſoi-même tels effets de ſa juſtice
qu'il auroit agréable de lui faire ſouffrir. Une priere ſi généreuſe s'éleva fa-
cilement juſqu'au Trône de Dieu, &
fut promptement éxaucée. Le malade
fut en un inſtant délivré de tous ſes
troubles, il ſe ſentit auſſi ferme dans la
Foi qu'il l'étoit lorſqu'il la défendoit,
& il mourut bien-tôt après, plein de
reconnoiſſance pour la bonté de Dieu,
qui en permettant cette épreuve, la
lui avoit fait tellement ſupporter qu'il
en étoit enfin ſorti avec avantage. Mais
Dieu accepta l'offre de Vincent de
Paul. Il permit que ſon eſprit fut auſſi-
tôt vivement attaqué par cette tenta-
tion ſi incommode & ſi affligeante
dont à ſa priere le malade avoit été délivré. Elle l'exerça pendant quatre ans

1. Cor.
10. 3.

entiers, & il y réfifta toûjours par la
priere, par la mortification & par le
défaveu également ferme & tranquile
qu'il faifoit de toutes les penfées contraires à la Foi, & enfin il en obtint une
entiere délivrance par la réfolution
qu'il prit de confacrer toute fa vie au
fervice des Pauvres pour l'amour de
Dieu ; exercice des plus méritoires du
Chriftianifme, & des plus propres pour
témoigner à NôtreSeigneur la Foi
que nous ajoûtons à fes paroles & à
fes promeffes.

La Foi de nôtre Bien-heureux eut
encore d'autres cômbats à foûtenir,
& remporta d'autres victoires. Il avoit
connu très particuliérement quelques-
uns des principaux Sectateurs du Jan-
fénifme ; mais les efforts qu'ils firent
pour l'attirer à leurs fentimens, & par
ce moyen les faire paffer dans fa Congrégation furent inutiles ; car il eut
toûjours horreur de leur doctrine. Il
n'eft pas poffible de rapporter tout ce
qu'il dit & tout ce qu'il fit pour les ramener, pour procurer la condamna-
rion de leurs erreurs, pour les engager
à y acquiefcer, pour préferver de leurs
mauvais fentimens fa Communauté
& les Monafteres dont il avoit la conduite, & pour empêcher pendant les
dix

dix ans qu'il fut dans le Conseil du Roi qu'on ne mît dans les Bénéfices des personnes suspectes des nouvelles opinions. On trouvera toutes ces choses bien détaillées dans le Chapitre 44. du premier Livre de sa Vie page 207. premiere édition, au Chapitre 12. du second Livre, page 409. & au Chapitre second du troisiéme Livre page 3. Dans la seconde édition on trouverra les mêmes choses aux Chapitres 44. du premier Livre, & premier du second Livre, mais moins étenduës, parce que M. l'Evêque de Rhodès jugea à propos de retrancher dans la seconde édition un Livre entier de la premiere, non par ménagement pour les Sectateurs des nouveautez, dequoi il n'étoit pas capable, & dont il a même écarté le soupçon, en renvoyant dans la petite Vie au Chapitre 12. du second Liv. de la grande; mais pour les raisons que lui-même expose dans un des Avertissemens qu'il a mis à la tête de la seconde édition. Voici donc briévement quelle a été en cette occasion la conduite de nôtre Bienheureux.

Premierement, il rompit entierement avec l'Abbé de saint Cyran, quand il le vit opiniâtre dans ses erreurs, & qu'il ne se rendoit point aux

D

charitables remontrances qu'il lui a-
voit faites sur ses mauvaises propositions. Il découvrit aussi les pernicieux
sentimens de cet Abbé à plusieurs Evêques, pour les mettre en état d'en arrêter le progrès. Il seroit aisé d'en rapporter bien des preuves ; mais pour
n'être pas trop long , il faut se contenter de ce qu'il en a dit lui-même à
Monseigneur François Palu , Evêque
d'Heliopolis & Vicaire Apostolique
dans le Tunkin. Voici les paroles de
l'attestatation de ce Prélat en datte du
5. Septembre 1668. dont l'original est
encore entre les mains de S. E. M.
le Cardinal de Polignac, Ponent ou
Rapporteur *de la cause de la Béatification
du Serviteur de Dieu.* Cette attestation a
fait une partie du Procès & est imprimée plus au long dans le recueil des
pieces présentées à la Congrégation
générale tenuë devant N. S. P. le Pape le 16. Septembre 1727. Ce qu'on va
lire est tiré mot à mot de cet Imprimé.
» Etant allé à Saint Lazare en l'année
» 1660. rendre visite à M. Vincent, il
» me parla fort au long des mauvais
» sentimens de feu l'Abbé de S. Cyran.
» Un jour, me dit-il, qu'il avançoit cer-
» taines propositions hérétiques, je
» lui représentai qu'il entroit dans les

ſentimens de Calvin. Calvin, me ré- «
pondit-il, a fort bien attaqué l'Egliſe, «
mais il s'eſt mal défendu. Cet Abbé, «
continua M. Vincent, n'avoit ni eſti- «
me, ni reſpect pour le Concile de «
Trente, ce n'avoit été, ſelon lui, «
qu'une aſſemblée de Religieux. Il «
m'ajouta; que ce qui lui faiſoit plus «
d'horreur eſt que cet Abbé lui dit un «
jour, que dans ſa méditation Dieu «
lui avoit fait voir clairement qu'il n'a- «
gréoit plus ſon Egliſe telle qu'elle é- «
toit, & que ceux qui entrepren- «
droient de la défendre iroient for- «
mellement contre la volonté divine. «
Enfin, dit M. Vincent, je vous pro- «
teſte que vous ne vîtes jamais homme «
auſſi ſuperbe, ni auſſi attaché à ſon «
propre ſens. »

En ſecond lieu, il eut ſoin de faire
concevoir à ceux de ſa Congrégation
& aux Religieuſes de la Viſitation
dont il étoit Supérieur, une grande
horreur pour ces nouveaux ſentimens;
& lorſque quelqu'un de ſes Miſſionnaires s'y laiſſa ſurprendre, il l'obligea
de ſe rétracter ou de ſe retirer, ſans a-
voir aucun égard à ſes talens. Il ne vouloit pas même que les ſiens, ni les Filles
de la Viſitation euſſent aucune com-
munication avec les Janſéniſtes, ou

qu'ils luſſent leurs écrits. Tout cela eſt
amplement prouvé au Procès.

Troiſiémement enfin, un des grands
ſervices que Vincent de Paul a rendus
à l'Egliſe a été ſans doute d'avoir inſpi-
ré de l'eloignement pour le Janſéniſme
à la Reine Mere, & par elle à Loüis
XIV. de glorieuſe mémoire, & d'a-
voir écarté des Dignitez & des Bénéfices les perſonnes infectées de cette per-
nicieuſe doctrine. Les Janſéniſtes eux-
mêmes lui en ont fait un crime en pluſieurs de leurs Ouvrages, auſſi-bien
que d'avoir ſollicité les Evêques de
France décrire à N. S. P. le Pape pour
obtenir leur condamnation ; & la
choſe eſt d'ailleurs prouvée par des té-
moignages plus reſpectables, qui pourront trouver leur place dans une nouvelle Vie du Serviteur de Dieu.

Son zéle. Par le récit abrégé qu'on a mis d'a-
bord ſous les yeux du Lecteur, il a pû
remarquer pluſieurs preuves non équi-
voques du zéle de nôtre Bienheureux
pour la gloire de Dieu & pour le ſalut
des hommes. Car c'étoit ſans doute la
gloire du Créateur & la ſanctification
des ames qu'il avoit en vûë, quand il
recevoit gratuitement un ſi grand
nombre de perſonnes dans la Maiſon
de Saint Lazare pour y pratiquer les

exercices de la retraite. C'étoit ce qu'il cherchoit dans les Miſſions, dans les exercices des Ordinans, dans les Conférences qu'il a établies pour la perfection des Eccéſiaſtiques, & dans le ſacrifice qu'il a tant de fois fait à Dieu en envoyant ſes meilleurs Miſſionnaires en Barbarie pour l'aſſiſtance des Eſclaves, & à l'Iſle de ſaint Laurent pour la converſion des Idolâtre. C'étoit ce même zéle qui le fit aller à l'âge de près de quatre-vingts ans travailler pendant un jubilé à pluſieurs Miſſions avec un courage beaucoup au-deſſus de ſes forces. C'étoit ce zéle qui lui faiſoit dire à ſes Enfans; « Qu'ils devoient être dans la diſpoſition d'al- « ler aux Indes & par tout pour y ga- « gner des ames à Dieu. » C'étoit ce zéle qui lui faiſoit déſirer ardemment d'aller malgré ſes infirmitez finir ſa vie auprès de quelque buiſſon en travaillant dans les Villages. C'étoit ce zéle qui lui faiſoit ſentir une vive douleur des injures qu'il entendoit faire à Dieu par les juremens & par les blaſphêmes. C'étoit ce zéle qui le faiſoit aller avec un viſage doux & des paroles humbles faire de charitables remontrances à ceux qui tomboient dans ces fautes. C'étoit ce zéle qui lui faiſoit ſoûtenir

D iij

avec une inébranlable fermeté les œuvres qu'il avoit entreprises avec mûre
délibération, sans se rebutter pour les
contradictions ni pour les pertes, soit
de sujets, soit de biens. C'étoit ce zéle
qui lui faisoit dire : » Que quand les
» Missions les plus difficiles ne servi-
» roient qu'à faire voir aux Barbares
» qu'il se trouve dans nôtre Religion
» des hommes capables de quitter tout
» & de s'exposer à tout pour consoler
» & secourir leurs freres affligez, il
» estimeroit les hommes & l'argent
» très-bien employez. » C'etoit ce zéle
qui fit que sans se mettre en peine ni
des reproches les plus amers, ni du
mal qui en pouvoit revenir à sa Communauté & dont on le menaçoit quelquefois ouvertement, il s'opposa toûjours comme un mur d'airain aux injus-
tes prétentions de ceux qui n'avoient
pas les qualitez nécessaires pour les Bénéfices qu'ils demandoient. C'étoit ce
zéle qui lui fit refuser à Monsieur le
Bon, malgré toutes les obligations
qu'il lui avoit & la reconnoissance
dont il étoit pénétré pour ce vertueux
& magnifique Bienfaicteur, une grace
dont l'Abbesse pour qui il s'intéressoit
sans la connoître assez, étoit indigne.
» C'étoit enfin ce zéle qui l'engageoit à

» prier Dieu tous les jours de benir &
» de faire croître les autres Compa-
» gnies & d'anéantir la sienne, si elle ne
» le servoit pas selon les desseins de sa
» divine Providence.

Mais si Vincent de Paul a eu tant
d'ardeur pour procurer la gloire de
Dieu dans le salut des ames, il n'a pas
eu moins d'empressement à soulager
les miseres temporelles des pauvres,
pour leur donner moyen de benir la
main qui après les avoir affligez dans sa
justice, les consoloit dans sa miséri-
corde. Il a commencé de si bonne
heure l'exercice de la Charité, qu'on
peut bien dire, que la compassion é-
toit sortie avec lui du sein de sa mere,
& qu'elle étoit crûë avec lui dès son en-
fance. Car il n'avoit pas encore atteint
l'âge de 12. ans, qu'il donnoit aux pauvres une partie de la farine qu'on l'envoyoit chercher pour la subsistance de
la petite famille ; & qu'en ayant un
jour trouvé un qui lui parut dans une
très-grande misere, il lui donna une
trentaine de sols : somme modique en
elle-même, il est vrai, mais bien considérable pour un enfant qui avoit été
long-tems à l'amasser peu-à-peu, qui
selon la coûtume des personnes de son
âge & de sa condition devoit l'estimer.

beaucoup, & qui d'ailleurs ne vivoit
pas dans un pays où il pût se promettre
de réparer aisément cette perte.

Tels furent dans le petit Vincent les
premiers essais d'une Charité qui devoit dans la suite faire de si grands prodiges. Le Lecteur peut se rappeller ici
qu'il a déja vû le Serviteur de Dieu éta-
blir des Hôpitaux, des Confrairies de
charité, & des assemblées de Dames, &
par ces différens moyens procurer à un
nombre infini de pauvres, sains ou malades, les soulagemens dont ils avoient
besoin : mais on peut dire avec une é-
xacte vérité que ces grandes œuvres si
utiles aux misérables, & qui subsistent
encore toutes aujourd'hui, ne suffisent
pas pour faire connoître quelle a été
la Charité de Vincent de Paul.

Pour en faire le portrait en entier,
il faudroit oublier que ce n'est ici qu'un
Abrégé contentons-nous donc de di-
Job. 13. » re, qu'il ne refusa jamais aux pau-
» vres ce qu'ils desiroient, qu'il ne fit
» point attendre en vain les yeux de la
» veuve, qu'il ne mangea pas seul son
» pain, qu'il le partagea avec l'orphe-
» lin, qu'il ne négligea point de secou-
» rir celui qui n'ayant point d'habits
» mouroit de froid, ni le pauvre qui
» étoit sans vêtemens. Ces paroles que

le faint homme Job a dites de lui-même, ne conviènnent-elles pas parfaitement à nôtre Bienheureux ? Il apprend
que la moitié des habitans de Palaifeau
font malades, qu'il en meurt dix ou
douze par jour, que ce lieu auroit befoin d'un Prêtre & de toutes fortes de
vivres : auffi-tôt il fait partir à fes dépens quatre de fes Prêtres avec un Chi-
rurgien, & il y envoye prefque tous
les jours une de fes voitures chargée de
farine, de vin, de viande & autres den-
rées ; il y employe tout ce qu'il a d'argent, & lorfqu'il n'y peut plus rien, il
follicite la charité des perfonnes puif-
fantes. Il n'a pas fi-tôt remédié aux befoins de Palaifeau, que les inondations
de la Seine fourniffent à fa charité un
champ qui n'eft pas moins étendu. Ge-
neviliers eft tellement inondé, que les
habitans, la plû-part affez pauvres, ne
pouvant fortir de leurs maifons, s'y
trouvent réduits à des extrêmitez d'autant plus grandes, qu'ils ne peuvent dé-
puter perfonne pour aller chercher du
fecours. Mais Vincent de Paul par la
connoiffance qu'il avoit de la fituation
de ce Village, fe douta de ce qui étoit
arrivé, & fans en attendre des avis cer-
tains, il y envoya fur le champ une cha-
rette chargée de pain ; il fit la même

chofe le jour fuivant, & tant que le débordement dura, il continua d'envoyer du pain & deux de fes Miffionnaires, qui s'expofant fur des batteaux, alloient dans toutes les ruës de ce Village diftribuer les vivres aux habitans par les fenêtres de leurs maifons.

Mais ce ne fut pas feulement aux befoins des pauvres de la campagne qu'il fut attentif ; ceux de la Ville & des Fauxbourgs de Paris n'eurent pas moins de part à fa compaffion & à fes aumônes. Car fans parler de plufieurs orphelins qu'il a en divers tems retirez & entretenus à Saint Lazare ; des paffans aufquels il faifoit diftribuer du pain ou de l'argent ; des perfonnes que la honte empêchoit de demander, mais que fa charité lui faifoit chercher & découvrir, & aufquelles il envoyoit fecretement des aumônes en argent ou en vivres, felon la différence de leurs befoins ; d'un grand nombre de pauvres aufquels il faifoit donner des habits quand allant par la Ville il s'appercevoit du befoin qu'ils en avoient ; des prifonniers aufquels il alloit faire l'inftruction & enfuite l'aumône dans les prifons du Châtelet & de la Conciergerie ; de la charitable pratique qu'il introduifit & qui fubfifte encore aujourd'hui, de faire tous les jours manger à sa table deux pauvres vieillards; il fit faire dès le commencement de sa Congrégation une distribution de pain, de potage & de viande pour plusieurs familles qui les envoyoient chercher, & trois fois la semaine il faisoit faire le Catéchisme, & ensuite une pareille distribution à tous les pauvres qui s'y présentoient; or il s'y en trouvoit jusqu'à 600.

Une telle charité est grande sans doute; mais on n'en connoîtroit pas tout le prix si l'on ne sçavoit que dans le tems que la Maison de S. Lazare souffrit les plus grands dommages par les Troupes qui pendant des mouvemens de Paris avoient consumé ou emporté tout ce qui pouvoit servir à la vie, dans le tems même que ses différentes Fermes avoient été pillées & ruinées, il fit continuer tous les jours les aumônes publiques. Il avoit donc eu la prudence de réserver quelque somme considérable pour les accidens imprévûs ? Nullement. Sa ressource fut d'emprunter pour soutenir cette bonne œuvre.

Après de si grands effets de sa charité, on ne sera pas surpris d'entendre dire qu'un soldat qu'il ne connoissoit point l'ayant prié de le recevoir chez lui pour quelques jours , & y étant tombé malade , il le fit mettre dans une chambre à feu & pendant deux mois lui fit rendre par un des Freres de fa Congrégation tous les fervices dont il eut befoin jufqu'à fon parfait réta-bliffement ; Qu'un Chartier lui ayant expofé la perte qu'il avoit faite de fes chevaux , il lui fit auffi-tôt donner dix piftoles ; Qu'une autre fois venant de recevoir 40. écus , il les donna fur le champ à un pauvre homme nouvelle-ment arrrivé de Lorraine; Que lorfqu'il trouvoit des pauvres couchez dans les ruës , il les conduifoit à l'Hôtel-Dieu dans le Caroffe dont la Reine & M. l'Archevêque de Paris l'avoient obligé de fe fervir depuis huit ans que l'enflu-re de fes jambes & fes autres infirmitez ne lui permettoient plus de marcher à pied ni d'aller à cheval ; Que quand il mouroit quelques pauvres dans le voi-finage de la Maifon de S. Lazare , il fai-foit donner des draps pour les enfeve-lir ; Qu'au lieu de permettre qu'on fît des frais aux débiteurs ou aux Fermiers qui ne payoient point , il faifoit quel-quefois prêter aux uns & aux autres pour les aider à fe tirer d'affaires.

Il n'en faut pas davantage , fans dou-te , pour juftifier que c'étoir avec beau-coup

coup de raiſon que les Pauvres l'appel-
loient leur Pere, & pour donner droit
de dire de lui comme de Job ; « Qu'il
» rempliſſoit de conſolation le cœur
» de la veuve, & que celui qui étoit
» prêt de périr le combloit de bé-
» nédictions. » Il les méritoit non-
ſeulement par la promptitude, par l'é-
tenduë, & par la perſévérance de ſa
Charité, mais encore par les ſentimens
de tendreſſe & d'humilité dont il l'ac-
compagnoit. « Je ſuis en peine pour
» notre Communauté, diſoit-il un
» jour, mais en verité elle ne me tou-
» che point à l'égal des Pauvres. Que
» feront-ils ? J'avoüe que c'eſt-là mon
» poids & ma douleur. Telle étoit ſa
compaſſion pour les Pauvres, & on
pouvoit bien n'être pas ſurpris de la
trouver dans un homme qui faiſoit
tant pour eux. Mais à qui ſeroit-il venu
dans l'eſprit que Vincent de Paul accablé d'affaires, & ne marchant qu'a-
vec peine, ſeroit deſcendu de ſa chambre pour donner l'aumône à quelques
pauvres femmes, auſquelles il avoit
promis de l'envoyer, & qu'il ſe ſeroit
mis à genoux devant elles pour leur
demander pardon de les avoir oubliées
pendant quelque temps.

A ce ſeul trait il eſt aiſé de reconnoî- Son Hu-
milité.

tre que Vincent de Paul avoit une humilité solide. Et en effet, il falloit qu'elle le fût bien pour ne donner aucune
entrée à la moindre complaisance au
milieu de tant & de si grands biens,
dont il étoit continuellement occupé,
& dont il ne manqua jamais de rapporter fidélement à Dieu tout l'honneur.
» Ah ! Messieurs, disoit-il souvent à ses
» enfans, humilions-nous ; donnons à
» Dieu toute la gloire, & ne retenons
» pour nous que le mépris & la confu-
» sion ; c'est-là notre partage…Oh !
» que celui-là apporteroit un grand
» empêchement à la sanctification du
» nom de Dieu, & à celle des ames
» qui s'attribueroit l'une ou l'autre….
» Il commettroît sans doute un grand
» sacrilege, & tous le corps de la Mis-
» sion se rendroit coupable du même
» crime, s'il se flattoit de cette malheu-
» reuse opinion qu'il convertit les peu-
» ples à Dieu par ses emplois, & qu'il
» mérite pour cela d'être estimé & con-
» sideré. » Il n'enseignoit en cela rien
à ses enfans qu'il ne pratiquât lui-même, disant qu'il n'avoit aucune part à
la formation de la Congrégation, c'é-
toit néanmoins son principal ouvrage ;
qu'il ne s'étoit pas fait Missionnaire par
son choix, mais qu'il s'y étoit trouvé

engagé par la volonté de Dieu. « Il eſt,
» diſoit.il, l'Auteur de toutes nos fonc-
» tions & de toutes nos pratiques ;
» puiſque toutes ces choſes ont été
» commencées par ſa conduite ſans
» que j'y penſaſſe, ni que je ſçûſſe mê-
» me ce que ſa Providence prétendoit
» faire.

D'où venoit cette rare fidélité que
Vincent de Paul avoit de rapporter à
Dieu toute la gloire de ſes bonnes œuvres? De ce qu'il étoit fortement per-
ſuadé de ſon incapacité pour les moindres choſes, pendant qu'il plaiſoit à
Dieu de ſe ſervir de lui pour les plus
grandes. Il donna en 1641. une éclatante preuve de cette perſuaſion: car ayant
fait venir à Paris quelques-uns des plus
anciens & des principaux de ſa Congrégation, il leur repréſenta les fautes
de ſa conduite, & la néceſſité de donner un autre Chef à la Congrégation.
» Je remets, leur dit-il, la Charge de
» Supérieur Général entre vos mains ;
» faites au nom de Dieu élection d'un
» autre d'entre-vous pour être notre
» Supérieur. » Il ne tint pas à lui que la
choſe ne ſe fit; car il ſe retira de l'Aſſemblée, & n'y revint pour reprendre
ſa place, qu'après avoir long-tems ré-
ſiſté aux inſtances réïterées que lui en

firent d'abord des députez, & enfuite
l'Affemblée toute entiere.

Si les Miffionnaires furent en cette
occafion confternez de ce qu'un fi digne Supérieur vouloit ceffer de les conduire, ils n'en furent pas autrement
furpris. Ils fçavoient qu'il s'eftimoit
moins propre pour la conduite, que
tous ceux de fa Compagnie, qu'il témoignoit quelquefois fon étonne-
ment de ce qu'on le fouffroit dans l'em-
ploi qu'il avoit : » étant, difoit-il, le
» plus ridicule, le plus ruftique & le
» plus fot de tous les hommes, & ne
» poùvant dire fix paroles de fuite qu'il
» ne parut qu'il n'avoit ni efprit, ni ju-
» gement, ni vertu : » qu'il s'eftimoit
même indigne de vivre dans la Congrégation, pour les mauvais exemples
qu'il croyoit y donner. Auffi ne pou-
voit-il fouffrir qu'on parlât de lui avan-
tageufement, & un Prêtre nouvelle-
ment entré dans fa Congrégation,
ayant dit dans une Conférence, qu'il
étoit confus de ne pas profiter des
bons exemples & des merveilles qu'il
voyoit en lui ; » Monfieur, lui dit l'humble Supérieur, après que l'autre eut fi-
ni de parler, » Nous avons cette prati-
» que de ne loüer perfonne en fa pré-
» fence. Il eft vrai que je fuis une mer-

» veille ; mais une merveille de malice,
» plus méchant que le Démon , lequel
» n'a pas tant de mérité d'être en En-
» fer que moi ; ce que je ne dis point
» par exagération , mais selon les véri-
» tables sentimens que j'en ai. » C'est
ainsi qu'il tâchoit de tirer son humiliation de tout ce qui auroit pû le relever aux yeux des hommes. Une femme qui lui demandoit l'aumône , lui
dit qu'elle a été Servante de Madame
sa mere. « Vous me prenez pour un
» autre , lui répond-il devant plusieurs
» personnes de condition , ma Mere
» n'a jamais eu de Servante , ayant elle-
» même servi , & étant la femme &
» moi le fils d'un Païsan.

Au reste il ne fut pas de ceux dont
les paroles sont démenties par les actions ; car sa conduite extérieure répondit toujours parfaitement à ses
sentimens. Toujours attentif à cacher
ce qui pouvoit faire naître quelque
bonne idée de lui , & à découvrir ce
qui pouvoit l'humilier , il ne se donna
à ses Paroissiens de Châtillon que pour
un pauvre Prêtre qui dans sa jeunesse
avoit gardé les troupeaux ; & on n'en
eut pas sçû davantage , si le Sécrétaire
du Comte de Joigny qui vint l'y chercher , n'eût appris aux habitans les

grands biens qu'il avoit faits ailleurs,
l'estime qu'il s'étoit acquise, & l'empressement avec lequel la Maison de
Gondy sollicitoit son retour. Toujours
petit à ses propres yeux, & incapable
de tout, pendant qu'il faisoit l'admi-
ration de ceux qui le connoissoient, &
que les choses les plus difficiles réüssis-
soient entre ses mains, on le vit se mettre à la derniere place & exercer avec
plaisir les moindres ministeres. Dans
les Missions, faire le Catéchisme aux
enfans, apprendre aux petits le *Pater*
& l'*Ave* ; se mettre pour confesser vers
le bas de l'Eglise & sur une pierre, laissant aux autres les Confessionaux plus
commodes. A la maison, prendre toujours le pire, soit pour la nourriture,
soit pour le logement ; porter aux
chambres des jeunes Ordinans leurs
paquets ; se jetter aux pieds de
ceux de ses enfans qui revenoient de
Mission, pour leur ôter leurs souliers ;
laver enfin la vaisselle dans une Cuisine,
c'est ce qu'il a bien des fois pratiqué à
la grande édification de sa Compagnie.
Toujours desireux que les autres le mé-
prisassent autant qu'il se méprisoit lui-
même, il regardoit comme précieuses
les occasions qu'il trouvoit de s'humilier, souvent même il n'attendoit pas

qu'elles ſe préſentaſſent. C'eſt pour contenter ce deſir qu'en préſence de ſa Communauté & les genoux en ter- re, il s'accuſoit publiquement des plus legéres fautes, même de celles qui n'a- voient pû paroître à l'éxtérieur· C'eſt pour le contenrer que s'il croyoit avoir contriſté quelqu'un, ſoit par quelques paroles un peu ſévéres, ſoit par un ac- cueil moins gracieux, il lui en faiſoit humblement excuſe.

Le croira-t'on? On l'a vû, ce véné- rable Supérieur, ſe proſterner au mi- lieu du Jardin devant quelques-uns de ſes Prêtres pour leur demander pardon de ce qu'il avoit parlé avec un peu trop de fermeté à un des Freres de la Mai- ſon. On l'a vû l'aller chercher, ce Frere, lui demander pardon, & lui baiſer les pieds. Tout le tort néanmoins étoit du côté de l'Inférieur qui avoit fait trop de difficulté de loger un pauvre paſ- ſant comme ſon Supérieur l'en prioit. On l'a vû ne vouloir point dire la Meſ- ſe qu'il n'eût été à la Cuiſine faire ſatis- faction à un autre. Eh! que lui avoit-il donc dit? Qu'il prît patience en atten- dant la réſolution des choſes qu'il pro- poſoit. On l'a vû étant malade à Ri- chelieu s'humilier devant le Frere In- firmier qu'on lui avoit envoyé de Paris, parce qu'il croyoit ne l'avoir pas reçû avec aſſez de cordialité ; & qu'il lui avoit dit qu'il étoit fâché qu'on lui eût donné la peine de venir de ſi loin pour lui. On la vû faiſant voyage avec trois de ſes Prêtres , & leur racontant pour les récréer quelque choſe qui lui étoit arrivé autrefois, ſe taire tout d'un coup , frapper ſa poitrine , ſe condamner d'orgüeil , ſe reprocher qu'il ne faiſoit que parler de lui-même , & demander pardon à genoux de ce prétendu ſcandale , auſſi-tôt qu'il fut arrivé au lieu où ils devoient s'arrêter. On l'a vû exhorter ſa Communauté à remercier Dieu d'une humiliation conſidérable arrivée à une de ſes Maiſons, ſans qu'il y eût de péché de la part de ceux ſur qui elle tomboit. On l'a vû pendant qu'il étoit encore au Séminaire des Bons Enfans, ſurmonter héroïquement un premier mouvement de répugnance qu'il ſentit pour une eſpéce de ſujet d'humiliation que Dieu lui préſentoit. On l'avertit que ſon neveu eſt arrivé de la Ville d'Acqs , & qu'il eſt à la porte. Faites-le venir , dit-il d'abord , mais auſſi-tôt il deſcend , va juſqu'à la ruë, embraſſe ce jeune homme, qui étoit habillé à la mode des Païſans des Landes, le prend par la main , le conduit dans la cour, fait defcendre tous les Prêtres de fa Cómpagnie. « Voilà, leur dit-il , le plus honnête » homme de ma famille.» Il lui fait enfuite faluer toutes les perfonnes de condition qui viennent le vifiter. Eft-ce affez pour expier la faute que Vincent de Paul croit appercevoir dans le mouvement d'amour propre qu'il a reffenti ? Non , & dans la premiere retraite fpirituelle il s'accufera publiquement d'avoir eu quelque honte de l'arrivée de fon neveu, & d'avoir voulu le faire monter à fa Chambre, parce qu'il étoit Païfan & mal habillé.

Voilà fans doute des chofes bien difficiles à la nature ; mais en voici de plus dures encore, & qui démontrent pleinement que fi Vincent de Paul parloit fouvent à fon défavantage , c'étoit avec une entiere fincérité : que s'il pratiquoit fouvent des humiliations extérieures, c'étoit avec toute la bonne foi que peut infpirer la plus folide humilité. On voit quelquefois des perfonnes qui difent d'elles certaines chofes qui paroiffent tourner à leur mépris ; mais on en trouve bien peu qui les reconnoiffent pour vrayes , quand d'autres les difent ; beaucoup moins encore qui fouffrent avec patience qu'on leur dife

ouvertement des injures „ ou qu'on les
calomnie en secret. Vincent de Paul a
fait excellemment l'un & l'autre. Le
fameux Abbé dont il a été parlé ci-
devant, & qui étoit si fort attaché au
Janséniſme, voyant un jour qu'il ne
pouvoit lui perſuader ſes erreurs, ſe
laiſſa aller à la colére, lui fit pluſieurs
reproches, lui dit qu'il étoit un vrai
ignorant,& qu'il s'étonnoit comment
ſa Congrégation le pouvoit ſouffrir
pour Supérieur Général. A cela que
répondit notre humble Prêtre? „ Je
„ m'en étonne plus que vous, Mon-
„ ſieur, parce que je ſuis plus ignorant
„ que vous ne penſez. „ Il fit plus pour
un jeune Gentil-homme qui par em-
portement le traita de vieux fou ; car il
ſe mit à genoux & lui demanda pardon de l'occaſion qu'il pouvoit lui
avoir donnée de le traiter ainſi. Il ne
voulut pas même ſe juſtifier lorſqu'il
pouvoit le faire aiſément. On lui rap-
porte qu'un des principaux Magiſtrats
du Parlement a dit dans la Grand-
Chambre,que la Maiſon deS. Lazare ne
faiſoit plus gueres de Miſſions,& on lui
dit que pour empêcher qu'il ne conti-
nuât à décrier ſaCongrégation,il ſeroit
à propos de lui faire ſçavoir que dans
les deux dernieres années on en a fait

encore plus que dans les précédentes ; mais ce conseil paroît trop humain à l'homme de Dieu, il faut le laisser faire, dit-il en parlant de ce Magistrat, je ne me justifierai jamais que par les œuvres. Deux grands Prélats lui font publiquement de séches réprimandes ; il auroit pû dire au premier, qu'il n'avoit fait qu'exécuter ses ordres ; il auroit pû répondre à l'autre, qu'il n'avoit nulle part à ce dont il s'agissoit, & il auroit eu presqu'autant de témoins qu'il y avoit d'assistans : mais le silence fut toute sa justification auprès de l'un, & il se jetta à genoux devant l'autre pour lui demander pardon. » Il faut avoüer, » dit alors le célébre André Duval, que » M. Vincent est un homme d'une vertu extraordinaire & d'une conduite » surnaturelle, & divine. » C'est qu'il sçavoit comme plusieurs autres, que cet humble Serviteur de Dieu n'étoit point coupable.

De pareilles avantures qui sont pour bien d'autres de vrayes mortifications faisoient la joye de notre Bienheureux, & elles le preparoient à de plus grandes victoires. Le S. Esprit a dit que la *Ecclef. 7.* calomnie trouble l'homme sage, & *8.* qu'elle abattra la fermeté de son cœur. Si cela est vrai, comme l'expérience le fait voir tous les jours, il faut reconnoître que Vincent de Paul avoit reçû de Dieu une mesure de sagesse & de fermeté tout-à-fait aû-dessus du commun pour souffrir sans trouble & sans émotion les calomnies dont on a cherché à le noircir. Il empêche qu'on ne donne la conduite d'un Diocese à un sujet qu'il sçait n'y être pas propre, & pour s'en venger les parens de celui-ci abusant de leur crédit, débitent à la Cour une noire calomnie contre le serviteur de Dieu. « Sçavez-vous bien, » lui dit la Reine, qu'on vous accuse de » telle chose ? Madame, je suis un grand » pécheur, lui répondit-il tranquille-» ment. Mais il faudroit vous justifier, » répartit Sa Majesté. On en a bien dit » d'autres contre Notre Seigneur, ré-» pliqua l'humble Prêtre, & il ne s'est » pas justifié. » C'est ainsi que par l'é-xemple du Fils de Dieu il s'excusa de suivre le conseil de la Reine.

Ce n'est pas assez, & il faut qu'il soit encore attaqué plus sensiblement. On répand dans Paris qu'il a fait donner un Bénéfice moyennant une Biblio-theque, & une grosse somme d'argent, & c'est contre un homme employé dans les Conseils du Roi pour les Ma-tiéres Ecclésiastiques, & la distribution

tion des Bénéfices, qu'on invente une
si méchante calomnie ; c'est contre le
Supérieur Général d'une Congrégation naissante ; c'est contre un Fondateur qui n'a jamais rien demandé, ni
pour lui ni pour les siens, & qui a toujours pris sur le nécessaire de sa Communauté, pour avoir de quoi donner
abondamment aux pauvres. Aussi Vincent de Paul en fut-il d'abord un peu
touché ; il prit la plume, mais à peine
eut-il formé les premieres lettres, qu'il
se condamna. « O misérable, à quoi
» penses-tu ? Quoi ! tu veux te justifier,
» & voilà que nous venons d'appren-
» dre qu'un Chrétien faussement accu-
» sé à Tunis, est demeuré trois jours
» dans les tourmens, & y est mort sans
» proférer une seule parole de plainte,
» quoiqu'il fût innocent, & toi tu te
» veux excuser ? Oh ! non, il n'en sera pas
» ainsi. » Effectivement il n'écrivit rien,
il ne fit rien pour se justifier d'une calomnie si atroce, & que tant de raisons sembloient exiger qu'on détruisît.
Cependant, à l'entendre, il étoit fort
éloigné d'être humble. « Il y a plus de
» vingt-cinq ans, disoit-il aux siens,
» que j'ai l'humilité pour pratique, &
» je ne sçai presque pas encore ce que
» c'est qu'humilité ; je sçai seulement

F

» que je suis inutile à tout bien, & pro-
» pre à toute sorte de mal. » Ce n'est
pas ainsi qu'en pensoit le Cardinal de
la Rochefoucault ; car souvent il disoit
que si l'on vouloit trouver en ce siécle
la vraye humilité, il falloit la chercher
dans M. Vincent.

Sa morti-
fication.　On conçoit assez qu'il n'est pas possible de posséder en un si haut dégré
l'humilité & les autres vertus dont
nous avons rapporté quelques exemples ; sans pratiquer en même temps la
mortification. Aussi Vincent de Paul
a-t'il eu un grand amour pour cette
vertu. Elle a deux parties, l'une regarde les passions, l'autre les sens exté-
rieurs. Le serviteur de Dieu les a cul-
tivées toutes deux avec une égale affection. De toutes les inclinations naturelles, celle qui paroît plus innocente
& avoir moins besoin d'être contra-
riée, est celle qui nous porte à aimer
nos proches, à épouser leurs intérêts,
à désirer leur agrandissement, & à le
procurer par toutes voyes légitimes.
Cette passion semble même être l'effet
d'un bon naturel, néanmoins les personnes les plus éclairées dans les voyes
de Dieu, l'ont toujours regardée comme un piége d'autant plus dangereux
qu'il le paroît moins. Ils l'ont sur-tout

eſtimée telle pour les Eccléſiaſtiques , & il ſeroit aiſé de faire voir que c'eſt avec beaucoup de raiſon, s'il convenoit de traiter ici ce point de morale. Or Vincent de Paul l'a mortifiée, cette inclination. Car outre qu'il n'eſt jamais retourné en ſon pays qu'une ſeule fois, encore ne fût-ce qu'à l'occaſion du voyage qu'il fit à Bourdeaux en faveur des Galeriens , il ne voulut jamais ſe ſervir de ſon crédit pour mettre ſes parens à leur aiſe , ou pour les tirer de l'obſcurite de leur état. Inutilement pluſieurs lui repréſenterent-ils qu'il devoit étendre ſur ſes proches une charité qui ſe répandoit avec tant d'abondance ſur les étrangers. « Ils ont de » quoi vivre à meſure qu'ils travaillent, » répondit-il ; ne ſont-ils pas bienheu- » reux? Ils exécutent la ſentence de » Dieu, qui porte que l'homme doit » manger ſon pain à la ſueur de ſon » viſage.

Ses parens, il faut l'avouer , ne s'étoient pas tous attendus à cette conduite ; & un de ſes neveux étant venu le trouver à Paris ſur les eſpérances qu'il avoit conçûës, fut à la vérité reçû avec beaucoup de charité ; mais il lui fallut bien-tôt s'en retourner à pied comme il étoit venu. Eſt-ce que Vin-

cent de Paul ne pouvoit pas en cette
occaſion prendre quelque choſe ſur les
biens d'uneCommunauté dont il étoit
le Pere, le Supérieur & le Fondateur?
Il eut ſans doute fait plaiſir à ſes Enfans, mais il ſe ſouvint de cette parole
de l'Apôtre ſaint Paul : *Omnia mihi li-*
*cent, ſed non omnia expediunt.*Tout m'eſt
permis, mais il n'eſt pas à propos de
tout faire. Renvoya-t'il donc ce cher
neveu ſans lui rien donner? Non, mais
pour l'aſſiſter il fit ce qui n'étoit pas
trop agréable à la nature, car il demanda à la Marquiſe de Maignelai par
aumône dix écus pour ce pauvre enfant. Dans un autre occaſion M. Du-
freſne lui ayant donné mille francs
pour ſes parens, le Serviteur de Dieu
le pria d'agréer qu'au lieu de diſtribuer
cette ſomme à ces bonnes gens qui
pouvoient vivre de leur travail, elle fût
employée à faire quelques Miſſions
dans leur Village. Mais Dieu en avoit
diſpoſé autrement, car en 1652. des
Soldats ayant tué quelques-uns de ſes
parens, & dépouillé les autres de tout,
il envoya les mille francs à un Chanoine d'Acqs,& le pria d'en diſpoſer comme il le jugeroit à propos pour remet-
tre chacun de ces pauvres affligez en
état de gagner leur vie. S'il ne penſa

1 ad Cor.
6. 12.

point à enrichir ses proches , il ne pen-
sa pas non plus à les tirer de leur état ,
& ne voulut pas même accepter les offres qu'on lui faisoit de faire étudier
ses neveux pour les élever à quelque
condition plus honorable.

Ce dégagement pourra bien ne pas
être approuvé de ceux qui n'ont que
l'esprit du monde , mais peut-être entre ceux qui goûtent l'esprit de l'Evangile s'en trouvera-t'il qui auront peine
à pardonner à Vincent de Paul ce que
l'on va lire. Quelques-uns de ses parens
font diffamez dans un Parlement célébre,& des personnes puissantes offrent
au Serviteur de Dieu d'étouffer l'affaire. Le Lecteur croit bien qu'un homme aussi plein de charité acceptera ces
offres. Point du tout. « N'est-il pas rai-
» sonnable, dit-il à ses amis, après leur
« avoir témoigné sa reconnoissance ,
» que la justice soit faite pour satisfaire
» à celle de Dieu ? » Il en fut quitte
pour la préparation , car l'innocence
des accusez fut reconnuë , & la pro-
cédure tournée contre les accusateurs.
Que fit alors Vincent de Paul ? Il se
rendit le protecteur de ceux-ci ;& trouva moyen de les garantir du châtiment
qu'ils avoient mérité. Une telle charité pour des étrangers & des criminels

F iij

est sans doute une apologie complette
de sa prétenduë indifférence pour ses
proches accusez, & un evident témoignage de sa parfaite mortification in-
térieure.

Nous en avons un autre dans la maniere avec laquelle il conduisit toujours sa langue. Elle est très-difficile à
dompter, nous apprend l'Apôtre saint
Jacques, & celui qui ne feroit point de
fautes dans ses paroles seroit un homme parfait. Il est effectivement dans la
vie de si fréquentes & de si dangereuses
occasions de pécher par la langue, que
pour en sortir sans tomber, il faut avoir
une extrême vigilance, & s'être bien
rendu maître de ses passions. Et qui
est-ce qui dans les demandes impré-
vûës réponde toujours avec sagesse? A
qui dans la chaleur des discours publics
n'échappe-t'il rien de moins mesuré?
Qui est-ce qui n'ouvre point la bouche quand on lui dit des injures? Dans
les pertes un peu sensibles, qui est-ce
qui ne se permet pas au moins une
plainte moderée? Qui est-ce qui dans
les entretiens familiers ne prend pas
quelquefois plaisir de raconter ses an-
ciennes avantures? Qui est-ce qui n'ai-
me point à se faire honneur des con-
noissances qui ne sont pas commu-

nes ? De tels hommes sont rares ,
mais il a plû à Dieu de nous en donner
un en la personne de notre Bienheureux.

Souvent il lui falloit répondre sur le
champ à des choses qu'il n'avoit pû
prévoir, & qui ne souffroient pas de
délai, & jamais il ne fit aucune réponse qui témoignât quelqu'émotion, ou
qui ne fût conforme aux régles de la
prudence chrétienne. Aussi ne répon-
doit-il pas sans s'être recueilli un moment pour consulter Dieu , & pour
distinguer ce que la nature pouvoit lui
inspirer d'avec ce que la grace demandoit de lui. Il a souvent parlé publiquement & avec force sur des matié-
res intéressantes ; mais en ces occasions il ne lui échappa jamais rien qui
pût faire entrevoir une passion mal ré-
glée. Souvent il a été injurié & calomnié. On l'a décrié comme un voleur.
On lui a publiquement imputé d'être
la cause des impôts & des miséres publiques. On l'a traité de fou & d'ignorant. On l'a voulu faire passer pour un
simoniaque. Si dans ces sortes d'accu-
sations Vincent de Paul s'étoit donné
de grands mouvemens pour écarter de
lui ces injurieux soupçons , la raison
humaine trouveroit assez de quoi jus-

tifier sa conduite. C'est un innocent, c'est un Prêtre, c'est un homme qui a besoin de réputation, & pour sa compagnie qui souffriroit du deshonneur de son chef, & pour lui-même, que de tels bruits, s'ils n'étoient dissipez, mettroient hors d'état de continuer tant de bonnes œuvres : mais il pensoit autrement, & dans ces délicates rencontres quelquesfois il ne disoit rien du tout, quelquefois il se mettoit à genoux, & demandoit pardon de l'occasion qu'il pouvoit avoir donnée de lui imputer de telles choses.

Il a souvent été éprouvé par des pertes considérables que l'on faisoit souffrir mal-à-propos à sa Communauté : mais à ces sortes de nouvelles il ne laissa jamais sortir de sa bouche que des paroles semblables à celles de Job : » Le Seigneur a repris une partie de ce » qui lui appartient, que son saint nom » soit beni. » Souvent le soin qu'il a pris des pauvres Chrétiens esclaves en Barbarie lui a fourni des occasions bien naturelles de parler de sa captivité, des efforts qu'un de ses Patrons avoit faits pour lui faire quitter la Foi, du bonheur qu'il avoit eu de ramener à l'Eglise le dernier de ses Maîtres, & néanmoins jamais on n'en a rien sçû de lui.

C'eſt trop peu dire, il a fait tout ce qu'il
a pû pour qu'on n'en apprît jamais rien
de ceux qui en avoient connoiſſance.
Etant à Avignon au mois de Juillet
1607. il avoit écrit à M. de Commet
le jeune, une Lettre, où il lui racon-
toit ſa captivité, ce qu'il avoit ſouffert,
& de qu'elle maniere Dieu l'en avoit
délivré. Or après la mort de ce Gentil-
homme cette Lettre tomba entre les
mains de M. de Saint Martin, Chanoine d'Acqs, qui croyant faire plaiſir au Serviteur de Dieu lui en envoya
une copie en 1658. Vincent de Paul la
lut, la mit au feu ſans la communiquer
à perſonne, pria ce vertueux Chanoine de lui envoyer auſſi l'original, & lui
en renouvella la demande ſix mois
avant ſa mort. On ſent bien qu'il vouloit brûler auſſi cette piece ; celui qui
écrivoit ſous lui s'en douta, & l'em-
preſſement qu'un homme d'ailleurs ſi
moderé témoignoit pour ce papier,
fut cauſe qu'on écrivit en ſecret à M.
de Saint Martin, pour le prier d'adreſ-
ſer à quelqu'autre cet original, s'il ne
vouloit qu'il fût perdu. S'il a ſi bien gardé le ſilence ſur ſon eſclavage, il n'a pas
moins ſçû ſe taire ſur bien des connoiſ-
ſances qu'il y avoit acquiſes, & dont
d'autres auroient cherché à ſe faire un

mérite. Il avoit durant qu'il fut esclave d'un Medecin appris de lui plusieurs secrets de son art, & en avoit vû d'heureuses expériences, comme il le marqua lui-même à M. de Commet en lui écrivant de Rome, & cependant depuis son retour en France il n'en parla jamais ni à ceux de sa Congrégation, ni à ses meilleurs amis.

Ajoûtons pour une nouvelle preuve de l'empire que Vincent de Paul avoit sur ses passions, cette constante égalité d'esprit que jamais rien ne dérangea. Elle se soûtint contre la diversité des emplois, & la multitude des affaires, au milieu de la Cour comme dans le sein de sa retraite, dans les plus grands périls & dans les événemens imprévûs, fâcheux ou agréables. Il fut toujours égal à lui-même ; aussi modeste parmi les Courtisans qu'avec ses Missionnaires ; aussi humble dans le commerce avec les Grands, que dans la conversation avec les petits. Accablé d'affaires, il passoit de l'une à l'autre sans se troubler pour leur multitude ou leur difficulté. Très-ménager de son tems, il ne laissoit pas que de recevoir avec douceur & même avec un air gai ceux qui s'adressoient à lui à quelque heure que ce fût ; il les écoutoit paifiblement, & leur répondoit avec autant de tranquilité & de préfence d'efprit que s'il n'eût eu rien autre chofe à faire. Chargé du temporel & du fpirituel d'une Compagnie qui ne faifoit que de commencer, il recevoit les bonnes & les mauvaifes nouvelles avec une égale tranquillité, fans être abattu par les unes, ni enflé par les autres. On lui écrit qu'un de fes Miffionnaires qui lui étoit très-cher, & qu'il avoit envoyé à Madagafcar, eft péri à la vûë de la Rochelle, il n'en dit rien, il n'en laiffe rien paroître fur fon vifage; & pendant qu'il difpofe un autre de fes enfans à aller prendre la place de celui qu'il croit mort, il reçoit des Lettres de celui-ci; il les lit, il benit Dieu, & le remercie de la confervation de fes Ouvriers, mais il ne fe livre à aucun mouvement extraordinaire; il ne donne pas même aucun figne extérieur du tranfport qu'un changement fi fubit & fi agréable devoit naturellement exciter en lui. Il n'appartient qu'à un homme dont toutes les paffions font parfaitement foumifes à l'empire de la vertu, de paffer ainfi de la triftefse à la joye. Or ce fut toujours un des principaux caractéres du Serviteur de Dieu; & du tems qu'il étoit encore

dans les Conseils du Roi , un grand
Evêque exprima en deux mots cette
conſtante égalité, « M. Vincent , dit-
» il , eſt toujours M. Vincent.

S'il s'eſt etudié avec tant de ſoin à ſe
rendre maître de ſes mouvemens inté-
rieurs , il n'a pas apporté moins d'attention à mortifier tous ſes ſens exté-
rieurs. Car d'un côté , il les privoit des
ſatisfactions qu'il auroit pû leur accorder , & de l'autre il les affligeoit par des
mortifications qu'il n'étoit pas obligé
de leur faire ſouffrir. C'eſt un plaiſir innocent pour un Voyageur que de regarder les beautez des campagnes par
où il paſſe , mais Vincent de Paul en
connoiſſoit un plus doux , c'étoit de
fermer les yeux à toutes ces graces de
la Nature , ou de les tenir ouverts ſur
un Crucifix qu'il portoit en ſa main.
Après cela , l'on ne ſera pas ſurpris ſi
dans les Egliſes il n'en regardoit jamais les ornemens ou les décorations,
& ne levoit les yeux que ſur le très-
ſaint Sacrement lorſqu'il étoit expoſé;
beaucoup moins ſi dans le Louvre &
dans les Hôtels des Princes il ne portoit jamais ſa vûë ſur les Peintures, ſur
les Tapiſſeries , ſur les Statuës , ou autres meubles précieux.

Etoit-il en compagnie ? On ne l'entendoit

tendoit pas s'informer de nouvelles ni
d'autres chofes propres à contenter la
curiofité. Se trouvoit-il dans des Hôpitaux ou chez de pauvres malades ? Il
fouffroit avec fatisfaction la mauvaife
odeur qu'on y reffentoit. Peu attentif
à fa fanté quand il s'agiffoit ou de travailler dans les fonctions du Saint Mi-
niftere, ou d'expédier les autres affaires qui fé préfentoient, on ne put lorfqu'il fe trouva à Saint Méen en Breta-
gne, l'empêcher d'employer des temps
très-confidérables à entendre de pauvres Pélerins. Il y avoit danger qu'il ne
gagnât leur mal, ou que du moins fa
fanté ne fut alterée par la longue com-
munication qu'il avoit avec eux ; mais
comment cette crainte auroit-elle fait
impreffion fur un homme que la fiévre quarte n'avoit pas empêché de paffer la nuit de Noël toute entiere dans le
Confeffional ?

Forcé par des affaires indifpenfables
d'aller en ville, & de ne revenir affez
fouvent qu'après l'heure du dîner, il
fortoit néanmoins toujours à jeun, &
quand au retour il trouvoit des perfonnes qui vouloient lui parler, il les
écoutoit & n'alloit à table qu'après les
avoir fatisfaits. Toujours en garde contre les piéges de la fenfualité, non-feu-

lement il ne difoit jamais quelle forte de nourriture auroit pû lui faire plaifir, non-feulement il ne fouffroit pas qu'on lui préfentât autre chofe que ce qui avoit été fervi à fa Communauté, mais il prenoit la nourriture avec fi peu d'attention à fa qualité ou avec tant de mortification, qu'il lui eft arrivé de manger des œufs tout cruds qu'on lui avoit fervi par mégarde. Ses pratiques étoient de ne fortir jamais de table fans avoir mortifié fon appétit en quelque chofe, & de prendre toujours ce qu'il y avoit de plus groffier. Peut-on pouffer plus loin ce genre de mortification? Oüi, & pendant plufieurs années Vincent de Paul eut foin de fe rendre defagréables les viandes qu'il mangeoit en y mêlant des poudres fort ameres. Mais tout mortifié qu'il étoit dans fes repas, il ne vouloit pas qu'on s'en apperçût. Il ufoit des mêmes alimens que les autres, & ne jeûnoit ordinairement qu'avec fa Communauté. On pourroit dire néanmoins qu'en voulant éviter toute fingularité, il ne laiffoit pas de faire quelque chofe de bien fingulier, puifqu'à l'âge de plus de 80. ans il jeûnoit les Carêmes entiers auffi rigoureufement que les plus jeunes & les plus robuftes de fes enfans.

Un si grand amour pour la pénitence peut faire souhaiter au Lecteur de
sçavoir quel traitement ce Saint homme faisoit d'ailleurs à son corps. Le voici. Vincent de Paul couchoit sur la
simple paille & sans rideaux ; il dor-
moit peu, les affaires ne lui en laissant
pas le loisir, & souvent après deux heures seulement de sommeil, il ne laissoit pas de se lever à quatre heures, &
de venir dans les plus grands froids faire son oraison avec les siens dans l'E-
glise à genoux sur le carreau. Il étoit
donc tenté de sommeil durant le jour?
Sans doute, mais il s'en défendoit en se
tenant dans une posture pénible, ou
en se faisant quelqu'autre violence.
Qu'il fût debout, qu'il fut assis ou à
genoux, il tint toujours son corps dans
une posture très-modeste, & par con-
séquent gênante; tant il faisoit d'estime de cette espéce de martyre, qui se- *Ser.* 30.
lon S. Bernard, n'est pas à la verité si *in Cant.*
affreux que celui par lequel en peu
d'heures les Tirans mettoient en pieces
les membres des Confesseurs de Jesus-
Christ, mais qui est plus incommode
par sa durée & par sa continuité.

Ce n'étoit pas au reste par cette seule
contrainte qu'il affligeoit son corps; il
le faisoit aussi servir à la justice par l'usa-

G ij

ge de toutes les macérations corporel-
les dont les Saints ont fait tant de cas &
nous ont laiſſé de ſi grands exemples.
Ainſi ce vertueux Serviteur de Dieu
dont la vie étoit ſi innocente & ſi remplie de bonnes œuvres, n'omettoit rien
pour crucifier ſa chair. Diſciplines, ci-
lices, haires, ceintures armées de poin-
tes, braſſelets de même nature, tout
cela lui étoit d'un uſage ſi familier que
les voyages, ni les convaleſcences après
ſes maladies ne lui étoient pas une raiſon ſuffiſante de s'en diſpenſer. Il les
multiplioit ces ſaintes auſtéritez, lorſqu'il y avoit des beſoins extraordinai-
res, ou qu'il apprenoit que l'on avoit
commis quelque faute un peu conſidérable dans quelqu'une des familles
de ſa Congrégation. En un mot, ſa
vie étoit ſi pénitente que M. le Cardinal de la Rochefoucault ſi zélé pour la
perfection des perſonnes de Communauté, & M. Alain de Solminiac,
Evêque de Cahors, Prélat très-morti-
fié lui-même, lui écrivirent des Lettres fort preſſantes pour l'engager à
modérer ſes auſtéritez, par conſidéra-
tion pour le bien de l'Egliſe, & Vincent de Paul auroit certainement dé-
feré à leurs remontrances, s'il ne ſe fut
pas eſtimé inutile à tout bien.

Voilà fort en abrégé les principales vertus qui ont paru avec éclat dans le Serviteur de Dieu, & qui l'ont fait regarder pendant sa vie & après sa mort comme un vrai Saint. On en auroit sçû bien davantage, si l'on n'avoit pas tant différé les informations ; mais comme elles n'ont été commencées qu'en 1705. c'est-à-dire, 45. ans après sa mort, on a perdu le témoignage de bien des gens qui avoient vécu avec lui, & qui étoient en état d'attester par des dépositions juridiques, les choses édifiantes qu'ils avoient connuës dans sa conduite. Il a plû néanmoins à Dieu de faire qu'il s'en trouvât encore un grand nombre. Les informations faites par l'autorité de l'Ordinaire, furent présentées à Rome en 1709. On y porta en 1713. celles qui avoient été faites par l'autorité du S. Siége, & ensuite des examens & des Congrégations ordinaires, N. S. P. le Pape Benoît XIII. après avoir assisté à la Congrégation, tenuë le 16. Septembre 1727. prononça le 22. que le Serviteur de Dieu a possedé dans un dégré héroïque les vertus tant Théologales que Cardinales & leurs annexes : après quoi le point des miracles ayant été pareillement examiné en trois Congrégations, dont la derniere fut

G iij

tenuë le 12. Juillet 1729. Sa Sainteté qui y avoit été présente, prononça le 14. du même mois, qu'il conste des miracles du Serviteur de Dieu Vincent de Paul, & ordonna d'expédier & de publier le Décret de la Béatification pour être faite incessamment. Depuis elle fixa le jour pour la Ville de Rome au 21. du mois d'Août de la même année.

On ne doute pas qu'on ne satisfît la religieuse curiosité de plusieurs Lecteurs, en donnant ici le détail des miracles qu'il a plû à Dieu d'opérer pour manifester la Sainteté de son serviteur, & son crédit auprès de sa Divine Majesté; mais ce détail meneroit trop loin, & il suffira de dire qu'entre 64. faits miraculeux, les Postulateurs de la cause s'étant bornez à huit seulement pour éviter la longueur des écritures, Sa Sainteté par son Décret a approuvé comme autentiques, le premier fait en la personne de Claude-Joseph Compoin, aveugle, âgé d'environ dix ans, & qui recouvra subitement la vûë sur le tombeau du Bienheureux, dès le premier jour que sa mere l'y eût amené; le second en la personne de Marie-Anne Lhullier, fille de huit ans, muette de naissance, & qui n'ayant encore

pû ni marcher, ni fe tenir fur fes pieds,
reçût dans l'inftant la liberté de fa langue & celle de fes jambes ; le cinquiéme en la perfonne de la Sœur Mathurine Guerin, Supérieure des Filles de la
Charité, qui fut dans le moment guérie d'un ulcére invétéré qu'elle avoit à
la jambe ; & le huitiéme en la perfonne d'Alexandre-Philippes le Grand,
guéri fubitement d'une paralifie invé-
terée & obftinée. Le Seigneur continuë à faire éclater fa puiſſance au tombeau de fon ſerviteur. Ce qui y attire
tous les jours grand nombre de perfonnes, fur-tout de celles que Vincent
de Paul a tant aimées pendant fa vie ;
c'eft-à-dire, des pauvres & des gens
pleins d'une foi fimple & pure. Mais il
n'eft pas convenable de rapporter des
faits furnaturels de ce genre, quoique
déja juridiquement dépofez, jufqu'à
ce que le Saint Siége en ait porté fon
jugement.

Pour finir cet abrégé, nous joi-
gnons ici les Décrets fur les Vertus &
les Miracles du Serviteur de Dieu, le
Bref de fa Béatification, & l'Oraifon
que Notre Saint Pere le Pape a approuvée pour être récitée dans l'Office du Bienheureux.

DECRETUM

PARISIEN.

Beatificationis & Canonisationis Ven. Servi Dei VINCENTII A PAUL. Congregat. Missionis, necnon Puellarum de Charitate nuncupatarum Institutoris.

CORAM Sanctissimo D. N. BENEDICTO XIII. die 16. Septembris currentis anni 1727. habita fuit Congregatio Generalis Sacrorum Rituum, in quâ per Reverend. D. Cardinalem de Polignac Ponentem, seu Relatorem, propositâ causâ Beatificationis, & Canonisa-

DECRET

Sur la cause venuë de Paris pour la Béatification & la Canonisation du Vénérable Serviteur de Dieu VINCENT DE PAUL, Instituteur de la Congrégation de la Mission, & des Filles de la Charité.

LE 16. Septembre de l'année courante 1727, on tint en présence de N. S. P. le Pape BENOIST XIII. la Congrégation Générale des Sacrez Rits, dans laquelle le Révérendissime Seigneur Cardinal de Polignac, Ponent ou Rapporteur, ayant proposé la cause de la Béatification & Canonisation du Vénérable Serviteur de Dieu, Vincent de Paul, Fondateur de la Con-

grégation de la Mis-
sion & des Filles de la
Charité. Sur ce doute,
s'il conste des Vertus
tant Théologales que
Cardinales dudit Vé-
nérable Serviteur de
Dieu, dans le cas & pour
l'effet dont il s'agit ;
Sa Sainteté après a-
voir sur ce doute en-
tendu les suffrages de
MM. les Consulteurs
& des Révérendissimes
Seigneurs Cardinaux ,
jugea à propos de dif-
férer sa décision , afin
d'implorer auparava-
vant selon la coutume
le secours du Ciel dans
une délibération si im-
portante ; & enfin le
jour ci-dessous marqué
qué, elle ordonna de
publier en la forme
suivante , sa réponse
affirmative sur le dou-
te proposé Qu'il con-
ste des Vertus du Vé-
nérable Serviteur de
Dieu Vincent de Paul,
tant des Théologales;
sçavoir , la Foi, l'Es-
pérance & la Charité ;
que des Cardinales ,
sçavoir , la Prudence ,
la Justice , la Force &

tionis Vener. Servi
Dei Vincentii à Pau-
lo Congregationis
Missionis necnon
Puellarum de Cha-
ritate nuncupata-
rum Institutoris su-
per dubio : *An cons-*
tet de Virtutibus tùm
Theologalibus , tùm
Cardinalibus ipsius
Ven. Servi Dei in ca-
su, & ad effectum de
quo agitur , Cùm su-
per eo idem Sanctis-
simus D. N. Audi-
tis Votis DD. Con-
sultorum , & Reve-
rendissim. DD. Car-
dinalium resolutio-
nem tunc differre
censuisset, ut priùs in
tàm gravi delibera-
tione Coeleste de
more auxilium im-
ploraret tandem in-
fra scriptâ die super
proposito dubio pu-
blicari mandavit
Responsum Affir-
mativum videlicet ;

Constare de Virtutibus Ven. Servi Dei Vincentii à Paulo tàm Theologalibus, nempe Fide, Spe, & Charitate, quàm Cardinalibus Prudentiâ, Justitiâ, Fortitudine, & Temperantia, earumque annexis in gradu Heroïco, in casu, & ad effectum de quo agitur. Et ita, &c. Hac die 22. Septembris 1727.

N. CARD. COS-CIA Pro-Præfec-tus.

Locus † Sigilli.

N. M. Tedeschi, Archiep. Apamenus, S. Rit. Congr. Secr.

la Tempérance, & leurs annexes, en un dégré heroïque, dans le cas & pour l'effet dont il s'agit. Et ainsi, &c. ce jour 22. Septembre 1727.

N. CARD. COSCIA Vice-Préfet.

Lieu † du Sceau.

N. M. TEDESCHI, Arch. d'Apamée, Secretaire de la Sacrée Congrégation des Rits.

DECRET DECRETUM PARISIEN.

Sur la cause venuë de Paris, pour la Béatification & la Canonisation du Vénérable Serviteur de Dieu VINCENT DE PAUL, Fondateur de la Congrégation de la Mission & des Filles de la Charité.

Beatificationis & Canonisationis Ven. Servi Dei VINCENTII A PAULO, Congregat. Missionis, & Puellarum Charitatis Fundatoris.

LE 12. Juillet de l'année courante 1729. on tint en présence de N. S. P. le Pape, BENOIST XIII. la Congrégation Générale des Rits, dans laquelle le Révérendissime Seigneur Cardinal de Polignac, Ponent ou Rapporteur, ayant proposé la cause de la Béatification & Canonisation du Vénérable Serviteur de Dieu Vincent de Paul,

DIE 12. currentis Mensis Julii anni 1729. coram Sanctissimo D. N. BENEDICTO XIII. habita fuit Congregatio Generalis Sac. Rituum, in eâque per Reverendissimum Dominum Cardinalem de Polignac Ponentem, seu Relatorem propositâ Causâ Parisiensi Beatificationis, & Canonisationis Ven. Servi Dei VINCENTII A PAULO Congregationis Missionis & Puellarum Charitatis Fundatoris super dubio, *An, & de quibus Miraculis constet in casu, & ad effectum, &c.* Sanctitas Sua auditis tum DD. Consultorum, tum Reverendissimorum Dominorum Cardinaliū Suffragiis, nihil tunc decernere censuit, sed resolutionem differre voluit, ut priùs de more Divinam opem imploraret. Cùm autem id jam egisset, infrascriptâ die Divo Bonaventuræ Ecclesiæ Doctori sacrâ, post Missam in Capellâ Sancti Pii V. celebratam, super pro-

Fondateur de la Congrégation de la Mission, & des Filles de la Charité : Sur ce doute, s'il conste des Miracles, & de quels Miracles dans le cas & pour l'effet dont il s'agit : Sa Sainteté après avoir entendu les suffrages de MM. les Consulteurs, & des Révérendissimes Seigneurs Cardinaux, jugea à propos de ne rien déterminer pour lors & de différer la résolution de ce doute, afin de pouvoir, avant que de la donner, implorer selon la coutume le secours du Ciel. Mais après l'avoir fait & avoir célébré la Messe dans la Chapelle de Saint Pie V. le jour de la Fête de Saint Bonaventure, Docteur de l'Eglise, Sa Sainteté a donné sur le doute proposé la réponse suivante ; sçavoir, Qu'il conste des Miracles ; du premier en la personne de Claude-Joseph Compoin aveugle, qui a subite-

ment

ment recouvré la vûë; du second, en la personne de Marie-Anne Lhullier fille de huit ans, muette de naissance, & qui n'ayant encore pû ni marcher, ni même se tenir sur ses pieds, reçû dans l'instant la liberté de la langue & celle de ses jambes; du cinquiéme, en la personne de la Sœur Mathurine Guérin, qui fut dans le moment guérie d'un ulcére inveteré & très mauvais qu'elle avoit à la jambe, & du huitiéme, en la personne d'Alexandre-Philippe leGrand, guéri subitement d'une paralisie invétérée & obstinée, comme de Miracles du troisiéme ordre: Et Sa Sainteté a ordonné d'expédier & de publier le present Décret de la Béatification du Vénérable Serviteur de Dieu Vincent de Paul, pour être faite incessamment en vertu des Lettres Apostoliques qui seront expediées par forme

posito dubio sequens Responsum edidit, videlicet ... constare de Miraculis, Primo, *Subitæ Sanationis Claudii Josephi Compoin à Cæcitate;* Secundo *Instantaneæ Largitionis loquelæ, & Virium Mariæ-Annæ Lhullier. Puellæ octenni à Nativitate Mutæ, & ad motum Artuum inferiorum impotenti;* Quinto, *Instantaneæ Sanationis Sororis Maturinæ Guerin ab inveterato, & maligno Ulcere in Tibiâ;* Et Octavo, *Subitæ Sanationis Alexandri-Philip. le Grand, ab inveteratâ & contumaci Paralysi,* tanquàm Miraculis tertii generis Præsensque Beatificationis Vener. servi Dei VINCENTII A PAULO per Lit-
H

teras Apostolicas in formâ Brevis cum consuetis Indultis quandòcumque faciendæ Decretum expediri & publicari mandavit, Die x i v. ejusdem Mensis Julii 1729.

de Bref avec les graces ordinaires. Le 14. du même mois de Juillet 1729.

N. CARD. COSCIA, Pro-Præf.

N. CARD. COSCIA, Vice-Prefet.

Locus † *Sigilli.*

Lieu † *du Sceau.*

N. M. TEDESCHI, Archiep. Apam. Sac. Rit. Congr. Sec.

N. M. TEDESCHI, Arch. d'Apamée, Secret. de la sacrée Congreg. des Rits.

Viso supra scripto Decreto Apostolico, ejus publicationem permittimus in istâ Diœcesi. Datum Parisiis, die undecimâ Augusti 1729. DE GONTAUT, *Vic. Gen.*

Vû le Décret Apostolique ci-dessus, nous en permettons la publication dans ce Diocese. Donné à Paris le onziéme du mois d'Août 1729. L'Abbé DE GONTAUT, *Vicaire Général.*

BREF

De la Béatification du Serviteur de Dieu, VINCENT DE PAUL, Fondateur de la Congrégation de la Mission, & des Filles de la Charité.

BENOIST PAPE XIII.

Pour perpetuelle mémoire.

LE Seigneur qui est également juste & miséricordieux, orne toûjours des divers dons de sa grace quelques-uns de ses plus particuliers Serviteurs & Elûs qu'il a prédestinez dès le commencement du monde pour l'accomplissement de son œuvre ; & quelquefois il lui plaît de manifester leur Sainteté par des miracles & des prodiges, afin

BEATIFICATIO

Servi Dei VINCENTII A PAULO, Congregat. Missionis, & Puellarum Charitatis Fundatoris.

BENEDICTUS PAPA XIII.

Ad perpetuam rei memoriam.

JUSTUS, ac misericors Dominus peculiarium quorumdam Servorum, atque Electorum suorum, quos à constitutione Mundi in opus suum prædestinatos multiformis gratiæ suæ charismatibus instruxit, Sanctitatem interdum signis atque portentis testatam facit in terris, ut Illis , quos perennis gloriæ coronâ donat in Cœlis, debitæ quoque venerationis cultus à Fidelibus impendatur. Inter quos , cùm longè , latèque refulserit Servus Dei VINCENTIUS A PAULO Sacerdos Gallus, Congregationis Presbyterorum Sæculariū Missionis, & Societatis Puellarum Charitatis nuncupatarum Fundator , qui mirabili in Deum, ac Proximum charitate (dilatante cor ejus Spiritu Sancto) succensus ; veræque pietatis operibus & præsertim Animarum lucro jugiter intentus , pauperes Ruricolas, quos ut plurimum in igno-

que sur la terre les Fideles rendent les honneurs convenables à ceux que dans le Ciel il couronne d'une gloire éternelle. Entre ces hommes choisis , le Serviteur de Dieu Vincent de Paul , Prêtre François, Fondateur de la Congregation des Prêtres Séculiers, dits de la Mission, & de la Compagnie des Filles , appellées de la Charité, a brillé par tout le monde d'une maniere singuliere. Il a été embrasé d'une si admirable charité envers Dieu & envers le prochain, qu'on peut dire que son cœur avoit reçû une étenduë toute extraordinaire par une abondante effusion du Saint Esprit. Aussi fut-il continuellement occupé de la pratique des plus solides œuvres de la piété, & surtout du soin de gagner les ames à Dieu. Il vit avec douleur les pauvres gens de la Campagne plongez , pour la plûpart, dans les ténébres de l'ignorance, & pour les en tirer il s'engagea par vœu, lui & les Prêtres de sa Congregation, à les instruire des Mystéres de la Foi Catholique; à leur montrer le chemin du salut, & à leur expliquer les Commandemens qu'il faut accomplir pour y arriver. Il s'attacha aussi avec un soin tout particulier à bien former les jeunes Clercs. En un mot, il cultiva toutes les vertus; & étant revêtu d'une force toute celeste, il s'est montré pendant tout le cours de son pélerinage; c'est-à-dire, tout le temps qu'il a vécu sur la terre, un fidele Ministre & un courageux ouvrier Il a travaillé infatigablement à cultiver la vigne du Seigneur; il a rempli l'Eglise universelle de la très-suave odeur de ses parfums spirituels; il l'a enrichie par une heureuse fécondité de

rantiæ tenebris misere jacere dolebat, erudiendi, Fideique Catholicæ mysteria & præcepta, ac viam salutis edocendi voto se, & Presbyteros dictæ Congregationis obstrinxit, necnon Clero ritè instituendo imprimis addixit, aliarumque omnium virtutum præsidio, & robore accinctus ex alto, toto peregrinationis, ac conversationis suæ tempore fidelem se Ministrum, strenuumque, ac indefessum vineæ Domini cultorem, & operarium exhibuit, atque Ecclesiam universam nedum suavissimo spiritualium aromatum odore implevit, sed etiam uberrimorum fructuum fœcunditate locupletavit , plenusque dierum , ac meritorum , dilectus Deo & hominibus mortalis hujus vitæ cursum feliciter consummavit ; Apostolici muneris quod nos gerere voluit Altissimus , ratio exigit , ut tam splendidam lucernam diutiùs sub modio latêre non sinamus , sed super candelabrum ministerio nostro collocetur , ut luceat omnibus, qui in domo sunt ad Omnipotentis Dei gloriam, Catholicæ Ecclesiæ decus, Christianiq; populi consolationem , ac Spiritualem ædificationem. Cum itaque maturè, diligenterque discussis, atque perpensis per Congregationem Vene-

fruits les plus abondans ; & enfin plein de jours & de mérites, aimé de Dieu & des hommes , il a heureusement terminé le cours de cette vie mortelle. Il est donc du devoir de la Charge Pastorale dont le Très-Haut Nous a chargé de ne pas laisser plus long-temps sous le boisseau une si éclatante lumiere : mais il faut que par notre ministere elle soit placée sur le chandelier, afin qu'elle éclaire tous ceux qui sont dans la Maison de Dieu, pour la gloire du Tout-Puissant ; l'honneur de l'Eglise Catholique , la consolation & l'édification spirituelle du peuple Chrétien. C'est pourquoi la Congrégation de nos vénérables Freres les Cardinaux de la Sainte Eglise Romaine , préposez aux sacrez Rits, après avoir consideré & examiné avec soin les procès faits par la permission du Siége Apostolique sur la Sainteté de la vie du Serviteur de Dieu Vincent de Paul, sur les vertus heroïques qu'on disoit avoir relui dans sa conduite en bien des manieres, & sur les miracles qu'on assuroit que Dieu avoit operez par son intercession, & pour manifester aux hommes sa sainteté; après avoir aussi entendu les suffrages des Consulteurs dans la Congrégation générale tenüe en notre présence, ayant jugé d'avis unanime & tous d'une voix, que ledit Serviteur de Dieu pouvoit être, quand nous le jugerions à propos, déclaré Bienheureux avec les Indults ordinaires: Nous, aïans volontiers égard aux pieuses & instantes prieres qui nous ont été humblement faites & au Saint Siege sur ce sujet, par notre très-cher Fils en Notre Seigneur le Très Chrétien Roi de France, Loüis, par

rabilium Fratrum nostrorum S. R. E. Cardinalium Sacris Ritibus Præpositorum processibus de Apostolicæ Sedis licentiâ confectis super vitæ Sanctitate, & virtutibus heroïcis, quibus idem Servus Dei Vincentius à Paulo multipliciter claruisse, necnon Miraculis, quæ ad ejus intercessionem & ad manifestandam hominibus illius Sanctitatem à Deo patrata fuisse asserebantur; ipsa Congregatio Cardinalium coram nobis constituta, auditis etiam consultorum suffragiis, uno spiritu unâque voce censuerit, posse, quandocumq; Nobis videretur, prædictum Servum Dei Beatum declarari cum folitis Indultis. Hinc eft , quòd nos piis , atque enixis Chariffimi in Chrifto Filii noftri Ludovici Francorum Regis Chriftianiffimi , ac Chariffimæ in Chrifto Filiæ noftræ Mariæ eorumdem Francorum Reginæ Chriftianiffimæ ejus conjugis pluriumque aliorum fublimium Catholicorum Principum , necnon Venerabilium Fratrum Archiepifcoporum, & Epifcoporum , ac Dilectorum Filiorum Cleri Regni Galliarum , totiufque infuper dictæ Congregationis Præfbyterorum Sæcularium Miffionis fupplicationibus Nobis, & huic Sanctæ Sedi fuper hoc humiliter porrectis

notre très-chere Fille en N. S. la très-Chretienne Reine de France Marie fon Epoufe , par plufieurs autres Très-Hauts Princes Catholiques , par nos vénérables Freres les Archevéques & Evêques de France , par nos chers Fils les autres Ecclefiaftiques du Clergé du même Royaume , & par toute la Congrégation des Prêtres Séculiers de la Miffion, avec l'avis & le confentement defdits Cardinaux, de notre autorité Apoftolique , Nous accordons par la teneur des Préfentes , que ledit Serviteur de Dieu Vincent de Paul foit deformais appellé Bienheureux , que fon Corps & fes Reliques foient expofées à la vénération des Fidéles, fans néanmoins être portées en proceffion ; que fes images foient ornées de raïons ou de gloire , & que tous les ans au jour anniverfaire de fon bienheureux décès on en fasse l'Office, & qu'on en dise la Messe comme d'un Confesseur non Pontife, suivant les Rubriques du Breviaire & du Missel Romain. Au reste, cette permission de réciter l'Office & de célébrer la Messe du nouveau Bienheureux, est seulement pour les lieux ci-dessous marquez ; sçavoir pour celui où est né le Serviteur de Dieu, & qui est communément appellé Poy, Village situé dans

benignè inclinati, de memoratorum Cardinalium consilio, & assensu, auctoritate Apostolicâ tenore præsentium indulgemus, ut idem servus Dei VINCENTIUS A PAULO in posterum Beati nomine nuncupetur, ejusque Corpus, & Reliquiæ venerationi Fidelium (non tamen in processionibus circumferenda) exponantur ; imagines quoque radiis, seu splendoribus exornentur, ac de eo quot annis die Anniversariâ felicis ejus obitûs recitetur Officium, & Missa celebretur de Confessore non Pontifice juxta Rubricas Breviarii & Missalis Romani. Porrò recitationem Officii, ac Missæ celebrationem hujusmodi fieri concedimus in locis dumtaxat infra scriptis, videlicet in Pago de Podio, vulgo Poy, Aquen. Provinciæ Auxitan. ubi dictus Dei servus natus est ; in Castro de Clichi Parisien. & in Oppido de Chatillon juxta principatum Dombarum Lugdun. réspectivè Diœcefum , in quibus curam animarum obivit , ac in civitate Parifienfi unde ad Cœlos evolavit , & ubi venerabile ejus Corpus requiefcit , ab omnibus utriufque fexûs Chrifti fidelibus tàm Sæcularibus, quàm Regularibus , qui ad Horas Canonicas tenentur , ac in univerfâ Congregatione Miffionis præfatâ , tam quoad Clericos , & Prefbyteros ejufdem Congregationis , quàm quoad convictores , & alumnos , qui in illiusDomibus commorantur ; demum in fingulis Ecclefiis, five Capellis , vel Oratoriis. prædictæ Societatis Puellarum quam ipfe Servus Dei fub nomine

le Diocefe d'Acqs ; & dans la Province d'Auch, pour le Bourg de Clichi au Diocefe de Paris, & la Ville de Châtillon - les - Dombes au Diocefe de Lyon , defquels lieux il a été Curé ; & pour la Ville de Paris , d'où il eft monté auxCieux, & où repofe fon vénérable Corps. Dans ces quatre endroits , tous les Fideles de l'un & de l'autre fexe , foit Séculiers, foit Réguliers, qui font obligez à la récitation des Heures Canoniales , pourront faire leditOffice Nous accordons la même chofe dans toute l'étenduë de la Congregation de la Miffion , tant pour les Prêtres & les Clercs de cette Congrégation , que pour les Penfionnaires & Eleves qui demeurent dans fes differentes Maifons. Enfin , Nous étendens la même grace aux Prêtres qui deffervent les Eglifes,Chapelles ou Oratoires de ladite Compagnie de Filles que le même Serviteur de Dieu a instituées sous le nom de Filles de la Charité. Et pour ce qui regarde les Messes, elles pourront être dites par tous les Prêtres qui viendront aux Eglises où la Fête se fera. Outre cela, Nous permettons, seulement pour la premiere année, qui commencera de la date de ces Présentes, & pour les Indes, du jour qu'elles y arriveront ; que dans les Eglises desdits lieux de Poy, de Clichi, de Châtillon, de Paris, de la Congrégation de la Mission & de la Compagnie des Filles de la Charité, on célébre la solemnité de la Béatification dudit Serviteur de Dieu, avec Office & Messe, sous le Rit Double-Majeur, au jour qui sera indiqué par les Ordinaires respectifs, après néanmoins que cette Solemnité aura été faite dans la Basilique du Prince des

Charitatis instituit, pro Sacerdotibus Ecclesiarum ; sive Capellarum, vel Oratoriorum istiusmodi servitio addictis ; & quantum ad Missas attinet, etiam ab omnibus Presbyteris ad Ecclesias, in quibus festum peragetur confluentibus. Præterea primo dumtaxat anno à datis hisce literis, & quoad Indias à die quo eædem litteræ illuc pervenerint inchoando, in Ecclesiis Pagi, Castri, Oppidi, Civitatis, Congregationis, ac Societatis hujusmodi Solemnia Beatificationis ipsius Servi Dei cum Officio, & Missa sub ritu duplici majori, die ab Ordinariis respectivè constitutâ, postquam tamen in Ba-

 filicâ Principis A-
poftolorum de Ur-
be celebrata fuerint
eadem Solemnia
(pro quâ re diem
XXI. currentis men-
fis Augufti affigna-
mus) pariter cele-
brandi facimus po-
teftatem , non ob-
ftantibus Conftitu-
tionibus & Ordina-
tionibus Apoftoli-
cis , ac Decretis de
non cultu editis, cæ-
térifque contrariis
quibufcumque. Vo-
lumus autem , ut
præfentium litera-
rûm tranfumptis ,
feu exemplis etiam
impreffis, manu Se-
cretarii fupradictæ
Congregat. Cardi-
nalium fubfcriptis ,
& Sigillo Præfec-
ti , feu Propræfec-
ti ejufdem Congre-
gationis munitis ,
eadem prorfus fi-
des ab omnibus, &

Apôtres de cette Ville,
pourquoi Nous affi-
gnons le vingt-uniéme
du mois d'Août cou-
rant , nonobftant les
Conftitutions & Or-
donnances Apoftoli-
ques , les Décrets qui
défendent le Culte,&c.
& toutes autres chofes
contraires. Or Nous
voulons qu'en juge-
ment & hors d'icelui ,
on ajoûte la même foi
aux Copies de ces pré-
fentes Lettres écrites ,
ou même imprimées,
fignées du Sécrétaire
de ladite Congréga-
tion des Cardinaux , &
fellées du Sceau du
Préfet ou du Vice Pré-
fet de la même Con-
grégation,qu'on ajoû-
teroit à ces Préfentes ,
fi elles étoient mon-
trées.

Donne' à Rome à
Saint Pierre , fous
l'Anneau du Pécheur,
le treiziéme du mois
d'Août , l'an mil
fept cent vingt-neuf ,
& de notre Pontificat
le fixiéme.

F. Card. OLIVIERI.

ubique

ubique tam in judicio , quam extra il-
lud habeatur, quæ ipſis præſentibus ha-
beretur, ſi forent exhibitæ , vel oſtenſæ.
Datum Romæ apud Sanctum Petrum
ſub Annulo Piſcatoris die xiij. Auguſti
MDCCXXIX. Pontificatus noſtri anno
ſexto.

F. Card. OLIVERIUS.

| ORAISON approuvée par N. très-Saint Pere le Pape Benoît XIII. en l'honneur du Bien-heureux VINCENT DE PAUL, pour être récitée dans l'Office & à la Meſſe. | ORATIO approbata à SS. D. N. Domino Benedicto XIII. in honorem Beati VINCENTII A PAULO, recitanda in Officio, & Miſſâ. |

PRIONS.   OREMUS.

O Dieu , qui pour faire annoncer l'Evangile aux Pauvres, ſoulager les miſeres de ceux qui ſont abandonnez ou ma-

DEus , qui ad Evangelizandum Pauperibus , Derelictorum , infirmorumque miſe-

I

rias fublevandas, & Ecclefiaftici Ordinis decorem promovendum , Filii tui fpiritum in Apoftolicâ Beati Vincentii à Paulo charitate,& humilitate fufcitafti : ejus nobis interceffione concede , ut à peccatorum miferiis fublevati, eâdem tibi femper Charitate & Humilitate placeamus. Per eumdem Dominum noftrum Jefum Chriftum Filium tuum , qui tecum vivit & regnat in unitate ejufdem , &c.

lades , & augmenter l'honneur de l'Ordre Eccléfiaftique , avez fait éclater l'efprit de votre Fils dans la charité & dans l'humilité Apoftolique du Bienheureux Vincent de Paul ; accordez-nous par fon interceffion, qu'étant délivrez des miferes de nos péchez,nous vous foïons toûjours agréables par la même charité , & par la même humilité, C'eft ce que nous vous demandons par le même Jefus-Chrift, votre Fils notre Seigneur, qui dans l'unité du même Efprit, vit & regne avec vous dans tous les fiécles des fiécles. Ainfi foit-il.

F I N.

APPROBATION.

J'AI lû par ordre de Monseigneur le Garde des Sceaux, *l'Abregé de la Vie du Bienheureux Vincent de Paul.* En Sorbonne le 14. Août 1733.

DE LORME.

PRIVILEGE DU ROY.

LOUIS par la grace de Dieu Roi de France & de Navarre : A nos amez & féaux Conseillers les Gens tenans nos Cours de Parlement, Maîtres des Requêtes ordinaires de notre Hôtel, Grand Conseil, Prevôt de Paris, Baillifs, Senechaux, leurs Lieutenans Civils, & autres nos Justiciers qu'il appartiendra : SALUT. Notre bien-amé le sieur JEAN BONNET, Superieur Général de la Congrégation des Prêtres de la Mission. Nous ayant fait remontrer qu'il souhaiteroit faire imprimer & donner au Public un Manuscrit qui a pour titre, *Abregé de la Vie & des Vertus du Bienheureux Vincent de Paul, Instituteur de la Congregation de la Mission, & de la Compagnie des Filles de la Charité,* s'il Nous plaisoit lui accorder nos Lettres de Privileges sur ce necessaires, offrant pour cet effet de le faire imprimer en bon papier & en beaux caractéres, suivant la feüille imprimée & attachée pour modele sous le contrescel des Presentes. A CES CAUSES, voulant traiter favorablement ledit Exposant, Nous lui avons permis & permettons par ces Presentes, de faire imprimer ledit Livre ci-dessus spécifié en un ou plusieurs volumes, conjointement ou separe-

ment , & autant de fois que bon lui femblera ,
fur papier & caracteres conformes à ladite feüille
imprimée & attachée fous notredit contre-fcel,
& de le faire vendre & debiter par tout notre
Royaume , pendant le temps de fix années con-
fécutives , à compter du jour de la date defdi-
tes Prefentes. Faifons défenfes à toutes fortes
de perfonnes de quelque qualité & condition
qu'elles foient , d'en introduire d'impreffion
étrangere dans aucun lieu de notre obéiffance,
comme auffi à tous Libraires , Imprimeurs &
autres , d'imprimer , faire imprimer , vendre ,
faire vendre , débiter ni contre faire ledit Livre ci - deffus expofé , en tout ni en partie , ni
d'en faire aucuns extraits fous quelque pré-
texte que ce foit , d'augmentation , correc-
tion , changement de titre , ou autrement,
fans la permiffion expreffe & par écrit dudit
fieur Expofant , ou ceux qui auront droit
de lui , à peine de confifcation des Exemplaires
contrefaits, de quinze cens livres livres d'a-
mende contre chacun des contrevenans , dont
un tiers à Nous, un tiers à l'Hôtel-Dieu de Paris , l'autre tiers audit fieur Expofant , & de
tous dépens, dommages & interéts, à la charge que ces Prefentes feront enregiftrées tout au
long fur le Regiftre de la Communauté des Libraires & Imprimeurs de Paris dans trois mois
de la date d'icelles ; que l'impreffion de ce
Livre fera faite dans notre Royaume & non ailleurs, & que l'Impetrant fe conformera en tout
aux Reglemens dela Librairie , & notamment à
celui du 10 Avril 1725. & qu'avant que de l'ex-
pofer en vente , le Manufcrit ou Imprimé qui
aura fervi de Copie à l'impreffion dudit Livre,
fera remis dans le même état où l'Approbation y aura été donnée ès mains de notre
très-cher & feal Chevalier Garde des Sceaux de

France, le Sieur CHAUVELIN ; & qu'il en sera ensuite remis deux Exemplaires dans notre Biblioteque publique , un dans celle de notre Château du Louvre , & un dans celle de notredit très-cher & féal Chevalier Garde des Sceaux de France , le Sieur CHAUVELIN ; le tout à peine de nullité des Presentes : du contenu desquelles vous mandons & enjoignons de faire jouir l'Exposant ou ses ayans cause , pleinement & paisiblement , sans souffrir qu'il leur soit fait aucun trouble ou empêchement. Voulons que la copie desdites Presentes qui sera imprimée tout au long , au commencement ou à la fin desdits Livres , soit tenuë pour dûëment signifiée , & qu'aux copies collationnées par l'un de nos amez & féaux Conseillers & Secretaires , foi soit ajoutée comme à l'Original: Commandons au premier notre Huissier ou Sergent , de faire pour l'execution d'icelles tous Actes requis & necessaires , sans demander autre permission , & nonobstant clameur de Haro , Chartre Normande , & Lettres à ce contraires: CAR tel est notre plaisir. DONNE' à Paris le trentiéme jour du mois de Septembre , l'an de grace mil sept cent vingt-neuf, & de notre regne le quinziéme. Par le Roi en son Conseil. SAINSON.

Regiftré sur le Regiftre VII. de la Chambre Royale & Syndicale de la Librairie & Imprimerie de Paris, N° 442. fol. 384. conformement au Reglement de 1723. Qui fait défenses Article IV. à toutes personnes de quelque qualité qu'ils soient, autres que les Libraires & Imprimeurs, de vendre, débiter & faire afficher aucuns Livres en leurs noms, soit qu'ils s'en disent les Auteurs ou autrement, & à la charge de fournir les Exemplaires prescrits par l'Article VIII. du même Reglement. A Paris le 3. Octobre 1729.

Signé, P. A. LE MERCIER, Syndic.

www.ingramcontent.com/pod-product-compliance
Ingram Content Group UK Ltd.
Pitfield, Milton Keynes, MK11 3LW, UK
UKHW020919120726
13693UKWH00003B/1069